CARLOS
GARCÍA SIMÓN

# PEQUEÑA
# ANATOMÍA
# DEL FLAMENCO

Planos sociológicos del
flamenco contemporáneo

LIBROS
CORRIENTES

COLECCIÓN          DE LO SOCIAL, 34. SERIE «MÚSICA»

1.ª EDICIÓN, FEBRERO DE 2026

© DEL TEXTO,        CARLOS GARCÍA SIMÓN
© DE LA EDICIÓN,    LIBROS CORRIENTES

ISBN:               978-84-129408-9-3.
DEPÓSITO LEGAL:     M-22992-2025

DISEÑO:             CAPRICORNIA
                    WWW.CAPRICORNIA.ES

IMPRESIÓN:          ESTUGRAF

LIBROSCORRIENTES.ES    LIBROSCORRIENTES.INFO@GMAIL.COM

CARLOS
GARCÍA SIMÓN

# PEQUEÑA ANATOMÍA DEL FLAMENCO

Planos sociológicos del
flamenco contemporáneo

LIBROS
CORRIENTES

# ÍNDICE

## II. Cantaores

## III. Bailaores

## IV. Tocaores

# EL TIEMPO DEL FLAMENCO ESTABILIZADO
## Nota previa

La anatomía es una mala metáfora. Presupone una organicidad, una colaboración en favor de una finalidad que no se corresponde con la realidad de ningún campo social. Sin embargo, permite traer a colación una imagen de gran pregnancia —la de los planos anatómicos— que de una manera precisa describe la finalidad que se propone la publicación de este libro.

Los planos anatómicos son abstracciones, esquemas imaginarios que representan los fragmentos del cuerpo en secciones que describen la composición y relación de las estructuras. Cada uno de estos textos pretende ser un plano, un corte dentro del campo social del flamenco que describa la composición y relación de las estructuras. En conjunto, los textos aspiran a componer una visión sistemática que señale y exprese tanto las distancias, los conflictos y los intereses contrapuestos entre las partes como los acuerdos, la diplomacia más o menos secreta y el corporativismo existente en el flamenco contemporáneo. Sin embargo, por una cuestión tan espuria como la falta de tiempo, un descripción sistemática de esa visión de conjunto tiene que ser pospuesta y estas páginas se limitan a una compilación de descripciones parciales. Ahora bien, si se ha tomado la decisión de publicarlas ahora es porque tienen la pretensión conjunta de dar cuenta racional de una totalidad que se considera congruente, conmensurable y, efectivamente, describible y analizable. Desde su misma concepción no quisieron ser nunca jaculatorias deslavazadas. Estos textos no son —ni pretenden ser— un conjunto de opiniones diversas sobre diversos acontecimientos y figuras flamencas. Por desgracia, es la primera sensación que puede dar, y con cierta razón: fueron escritos (o al menos concebidos) para la prensa (*Revista penúltiMa*, *El País*, *Babelia*, *El Salto*) y lastran por tanto ese funesto deje que el género de la crítica conlleva. Todo adjetivo deslizado en estas páginas, toda sombra de opinión y expresión del gusto son inercias estilísticas, errores.

Todos los eventos que dieron pie a la escritura de estos artículos (obituarios, efemérides, conciertos, estrenos, novedades discográficas o literarias) se tomaron como ocasiones para generar un plano que narrara algunas de las tensiones fundamentales, políticas, sociales, que conforman el flamenco. Lo importante es precisamente la relación que estas imágenes concretas tienen con el campo general, que es el que, idealmente, habría que narrar y que funciona siempre como 'corrector' de cada uno de los análisis particulares.

Conviene también matizar que una cosa es no pretender dar opinión y otra bien distinta es no tener un sesgo ideológico. Este libro tiene de principio a fin un sesgo ideológico, inevitable como la opinión pero, frente a esta, deseable. La ideología, en el sentido de marco conceptual explícito y consciente, forma parte intrínseca de las herramientas necesarias para lograr entender esa relación entre lo particular y lo general, para, literalmente, atar cabos.

Es cierto que son calas insuficientes, que están sesgadas desgraciadamente por las oportunidades para escribir que la prensa, la situación geográfica (vivir en Madrid, en este caso) y la misma miserable lógica de la novedad daban. Tendrían que ser completadas y, desde luego, se echan en falta piezas que hubieran permitido el acceso a cuestiones motrices centrales, sobre todo en lo tocante al baile, verdadero motor económico del flamenco. Sin embargo, aunque pueda sonar a vana justificación, pese a la ausencia de casos para completar el mosaico completo, la misma dialéctica que opera en el marco teórico previo funciona de salvavidas para esta falta. Y es que no se trata de remontar de lo particular a lo general en una especie de hilozoísmo herderiano, ni desde luego tampoco de confiar a la construcción idealista del todo la capacidad de análisis de lo concreto. Suena casi trágico, pero se trata de mantener una tensión dialéctica. Y es que, sin un análisis correcto de lo concreto no se puede entender el conjunto, pero sin una idea correcta previa de la totalidad, el análisis de lo concreto es, no sólo erróneo, sino directamente imposible.

El primer escollo que aparecía era entender cuál era el lugar concreto de cada músico, de cada una de las obras que tocaba reseñar, dentro del marco general; es decir, exponer las ideas, la tensiones y la función concreta que cada uno de ellos tenía en una totalidad que se iba conociendo mientras se iban dibujando los planos. Por el libro desfilan ideas que, creemos, son rectoras en el ámbito actual del flamenco, muchas de viejo cuño, otras nuevas (o relativamente nuevas). Por encima de todo, quizá como rasgo general más destacado, un idealismo ctónico que el flamenco no se quita de encima, que forma parte de su nervadura original y que si antes tenía un carácter abiertamente patriótico, hoy día, sin perderlo (incluso en muchos casos analizados reivindicado abiertamente), ha tomado la forma de un misticismo que a la par que se cree singular e idiosincrásico de la cultura española (y aquí cultura funciona como sinónimo blanqueado de tierra) se enarbola dentro de un cosmopolitismo de compromiso que, en otro ámbito, T.W. Adorno llamara la «internacional nacionalista». Aunque los pretextos para habilitarlo son creativos, en el fondo opera un mercado musical que premia esa singularidad cultural dentro de una homologación global. Esa mistificación es heredera directa de la ideología jondista, de Granada 22, del Concurso de Cante de las Minas, de *Rito y geografía del cante*. Puede tener forma más neoclásica (como en el caso de los escritos y proyectos musicales apadrinados por Antonio Manuel Rodríguez y su mitología andalucista, o de Rocío Márquez), más iconoclasta (Niño de Elche, Manuel Liñán) o directamente inercial: la que trae hasta aquí la pervivencia de la vieja forma de afición (los Canela, los Pañero, la escuela de toque Morón).

Son, en relación con esto, muchos los temas que salen a la luz a lo largo del libro, muchos los hilos: el lugar del trabajo individual en la construcción del género (Diego Clavel, Gabarre, Juañares, el Bola, Manolete, Serranito), la caracterización de la industria cultural flamenca (Angelillo, Poveda, Israel Fernández), los rescoldos de la tradición familiar y de escuelas (los del Lunar, los Torre), la ideología de la (no tan) nueva historiografía flamenca (Vergillos), los códigos y claves de apertura del flamenco a otras músicas (David Lagos) y de otras músicas al flamenco (Frente Abierto).

El libro, por pura necesidad de ordenar de alguna manera, está dividido en cuatro secciones, que representan los cuatro «oficios» principales del mundo flamenco, a saber: cantaores, tocaores, bailaores y, quizá el menos nombrado pero no menos fundamental, mediadores, que no son otra cosa que las figuras que gestionan las ideas, las imágenes y el diverso capital (el verdadero motor del flamenco): desde empresarios a periodistas o intelectuales. Somos conscientes de que muchos artistas ejercen también estas tareas de gestión, de mediación, si su posición se lo permite, incluso que existen algunos más importantes como gestores que como artistas, pero seguimos creyendo que la división facilita la consulta.

Una de las conclusiones generales del trabajo podría ser que estamos en una época de flamenco estabilizado, por utilizar otra expresión de Adorno, en que los flamencos ya no hacen apenas trabajo para oradar los límites del género, es decir, que ya no trabajan sobre los palos, estructura medular del flamenco. Tras mucho tiempo y peleas, estos ya están dados, fijados, y el canon cerrado. Al menos prácticamente. Todo trabajo sobre el género flamenco viene de ponerlo en relación con otras formas musicales, con otros géneros y nichos de mercado, pero sin que este trabajo afecte a la estructura del mismo flamenco; acaso algo a su imagen, pero poco más. Pero dejemos lo de redactar las conclusiones para otro momento. Entre otras cosas porque al redactar es cuando de veras se entiende.

# AGRADECIMIENTOS

*Los agradecimientos en un libro parecen en muchas ocasiones la lista de invitados a una boda, y un libro no es una boda, más bien es un entierro. Aquí me limitaré a nombrar a aquellos que han tenido relación absolutamente directa con la gestación de estos textos, dejando fuera a muchos de los que a lo largo de este tiempo me han dado abrigo intelectual, como Jorge(s), Moisés, María, Blanca, Itxaso, Alberto, Fra, Rafa, Marco o Miguel.*

*Saioa Sáez Domínguez me enseñó a escribir. Aunque, al parecer, conozco el alfabeto desde los siete u ocho años y la gramática desde los doce, a escribir para ser leído me enseñó ella, quitándome los pruritos de licenciado en filosofía barata y enseñándome a construir argumentos para ser ofrecidos y no pírricamente defendidos, salvando con harta paciencia cada una de estas piezas de la hipoxia («Tengo que volver a leer esta página, no he encontrado ningún error», declaraba recientemente).*

*Iker Seisdedos tuvo el arrojo y la generosidad de darme pie a escribir nada menos que en un periódico de tirada nacional sin pedirme credenciales, ni siquiera saber mi nombre, sin más referencias que un par de largas conversaciones en la librería en la que trabajo, Vértigo Libros. Fue esta* decisión la que me lanzó a escribir y puso en marcha las lecturas de años.

Jesús Alonso López ha discutido conmigo con una paciencia inmerecida, literalmente, cada uno de estos textos. La parte más importante de mi (muy incompleta) formación política ha tenido lugar bajo su ascendente y si esta no es más completa lo es por mi terquedad y no por su capacidad.

Jorge Cano Cuenca está en la base de cada una de las ideas sobre flamenco que traspasan este libro. La Voz de tus Muertos fue para ambos (bueno, espero que para ambos, pero desde luego para mí...) la puerta para pasar de la diletancia de la escucha a la militancia del análisis. Fue un tiempo imborrable.

Antonio Jiménez Morato, al mando de Revista penúltiMa, ha puesto siempre sus recursos a mi servicio. Ha sido generoso, material e intelectualmente. Eso no es decir poca cosa.

Manolo Martínez ha sido, junto a Jesús Alonso, pero de un modo mucho más explosivo, responsable de un verdadero vuelco en mis ideas que, aunque de otro ámbito, se ve reflejado claramente en estos textos. Fue el revolucionario más incansable y el marxista más congruente que he conocido y lo fue hasta las últimas consecuencias. Siempre le estaré agradecido por su mal genio y su perseverancia a la hora de destruir prejuicios.

Elia García Sáez fue una inesperada y brutal fuente de energía, alegría y acicate. Su presencia hizo florecer una disciplina en mí antes inexistente.

# I. Mediadores

# HACER EL FLAMENCO GRANDE DE NUEVO
## La Granada del Gran Carnaval de lo jondo[1]

Hace justo un siglo Granada era un carnaval. Pero no cualquier tipo de carnaval: Granada era el Gran Carnaval retratado en la película de Billy Wilder de 1951. En ella, su protagonista, un periodista necesitado de notoriedad para recuperar su estatus, construye una bola mediática a partir del rescate de un tal Leo Minosa, atrapado en una mina. La noticia, inicialmente irrelevante, llega convertirse en cuestión nacional y, más aún, en una verdadera feria. La película está basada en un suceso ocurrido en Kentucky en 1925, pero podría haberse basado en otro ocurrido tres años antes en Granada.

A finales de 1921, Manuel de Falla y Miguel Cerón alumbraron la idea de realizar un nuevo concurso de cante —era habitual en la época—, pero con la precisa intención de regenerar las bases de un tejido artístico, el del flamenco, que consideraban corrompido por su amalgama con otros discursos musicales de dudosa

1   Publicado en *Babelia*, suplemento de *El País*, el 3 de junio de 2022.

catadura moral. Eran bien conscientes de que el flamenco no estaba en peligro de extinción, que se vivía una época de grandes nombres —conocían bien a Manuel Torre, a la Niña de los Peines, a Chacón, Breve, Cepero...—, sabían que ese no era el problema, que no se trataba de «conservar el cante». Eran tan conscientes de que la fonografía ya había hecho ese trabajo que, en la efímera escuela que se abrió con vistas a preparar para el concurso a jóvenes participantes, se contaba con «un excelente gramófono y una rica colección de discos del clásico cante». El hispanista Maurice Legendre, amigo de Unamuno y cercano al entorno de Falla, declaraba en *Le Correspondant* del 10 de julio de ese año que «ahora podemos decir que el *Canto hondo* de España está salvado. El gramófono ha grabado lo que nuestra notación musical no puede captar».

El problema era el fundamento: el cante podría estar salvado en las placas y las voces de los grandes cantaores actuales, pero la raíz que daba origen y sentido a los mismos estaba en peligro. Es decir, no era un problema musical sino *un problema político*; lo que, para la pequeña burguesía que impulsó el concurso, era como decir *un problema moral*.

El flamenco surgió como género casi en paralelo a la Revolución de 1868: los primeros libros que se escribieron sobre flamenco aparecieron en 1881, todos desde el entorno de la Institución Libre de Enseñanza, creada en 1876 como respuesta al *Decreto Orovio* de Cánovas y que, en más de un aspecto, funcionaba como brazo cultural de aquella peculiar revolución burguesa: en 1881, Antonio Machado y Álvarez, Rodríguez Marín y otros intelectuales fundan la Sociedad del Folk–Lore Andaluz; ese mismo año, Machado y Álvarez publica *Cantes flamencos*, Hugo Schuchardt, *Die «Cantes Flamencos»* y, unos meses antes, el peculiar Manuel Balmaseda, su *Cancionero de coplas flamencas*. En 1882, Rodríguez Marín comienza la edición de su *Cantos populares españoles*. Para todo este grupo la legitimidad provenía precisamente, del *pueblo*, entendido en su sentido nacional, es decir, idealista. La existencia de un folclore era fundamento de derecho para esta clase social, como explicita el libro de Joaquín Costa, también de 1881, significativamente titulado: *Introducción a un tratado de política sacado textualmente de los refranero, romanceros y gestas de la península.* El flamenco se convirtió, a finales del XIX, en la gran esperanza blanca que habría de servir de palo tutor a las degeneraciones morales que la patria estaba sufriendo, degeneraciones que los tipos del «cacique» y el «oligarca» representaban arquetípicamente. El folclore es un brazo político y en su fundamento está el de la política. Alfonso Ortí (fundador, junto a Jesús

Ibáñez, de la Escuela Crítica de sociología española) defiende que esa era precisamente la baza política de los regeneracionistas: «este moralismo de la protesta anticaciquil (...), la lucha elitista contra el caciquismo —de los *puros* contra los *corrompidos*— sustituye entonces a la lucha de clases».

Son estos los presupuestos bajo los que se organiza el concurso de 1922: la sensación de una patria en peligro cuyo fundamento está siendo socavado. De hecho, al año siguiente, ese *cirujano de hierro* costista que, en gran medida, fue el General Primo de Rivera, impone un directorio militar usando argumentos muy similares (véase su manifiesto «Al país y al ejército»), entre ellos: «alarde de descocada inmoralidad», «indisciplina social», «impune propaganda comunista», «impiedad e incultura» o «descarada propaganda separatista» —el compromiso del concurso con estas denuncias es explícito en los diversos eventos y artículos generados por la organización de cara al concurso—.

Los impulsores del concurso confiaban en el jondismo como fármaco para aliviar esos males y su intención era buscar una encarnación humana que mostrara que la fuente de ese fármaco seguía viva. Si no era visible era porque la corrupción lo tenía, cuan Leo Minosa, atrapado. La fe ciega en la existencia de ese personaje les llevó a lanzar un órdago, logrando, por diversas circunstancias, una convocatoria inigualada en el mundo de las músicas vernáculas hasta, digamos, el Newport Folk Festival de 1959. Lo cubrieron medios de todas partes de la península, muchos de ellos internacionales; fueron invitadas y acusaron recibo las mayores figuras culturales del momento; la puesta en escena estuvo tan medida que, por exigencia explícita de Falla, durante el concurso, hombres y, sobre todo, mujeres tuvieron unos códigos de vestimenta estrictos («ataviadas con el maravilloso traje romántico de los años treinta al cuarenta del siglo XIX»), y la decoración del entorno estuvo a cargo de Ignacio de Zuloaga, pintor, por excelencia, del paisaje castellano y, tiempo después, asesor directo de Franco en la decoración del Valle de los Caídos. Estaban seguros de que localizarían a su Minosa y generaron una expectativa desaforada e inédita en el mundo cultural. Y lo localizaron y liberaron. Se llamaba Diego Bermúdez Cala, conocido como El Tenazas de Morón, cantaor desde hace décadas retirado de los escenarios y testigo presencial de la infancia del flamenco.

Desde el primer momento en que cantiñea en las jornadas previas, todos advierten que están delante del Esperado. Lo corroboran los mismos maestros Antonio Chacón y Ramón Montoya. El tratamiento que se le da es, de hecho, evangélico. Gómez de la Serna llega a hablar de «asistir a la consagración de un nuevo apóstol, que va a escribir y a consagrar las cosas perdidas que se grabarán en los discos» —«...pues las grandes casas de gramófonos han enviado sus ingenieros», añade—.

Aunque generó una enorme polémica, el concurso no recibió críticas sustanciales. El acuerdo sobre la necesidad de un evento así era total entre las élites. Los problemas vinieron por cuestiones secundarias: si era acertado o no dejar fuera a los profesionales, si el corpus de palos y cantes era más o menos acertado, si la fiesta no deslucía los fines del concurso, si el cante jondo cumplía la función moral esperada o no se había desprendido de su sombra, el flamenquismo... Nadie ponía, ni prácticamente pone hoy día en duda la total legitimidad de su principal fin: encontrar una muestra irrefutable de la autenticidad del pueblo español. No era una competencia regional: si se hubiera intentado demostrar la jondura de la jota, el aurrescu, el zortzico, la muñeira o el alalá, el apoyo teórico hubiera sido semejante. El mismo Falla, siguiendo a su maestro Felipe Pedrell, buscó las mismas sustancias jondas en gran parte de las regiones españolas: La Mancha, Murcia, Asturias, Cataluña, Aragón...

Meses después de finalizado el concurso, el ímpetu carnavalesco cesó. Este tuvo cierto éxito en tanto la vertiente moralmente purificada del flamenco ganó visibilidad y, sin llegar nunca a olvidarse, dejó de necesitar ser ondeado. Pasaron los años, la guerra y las primeras décadas de la dictadura sin que los militantes del jondismo levantaran organizadamente la voz. Sólo —y no por casualidad— en las postrimerías del periodo llamado de autarquía, el jondismo vuelve a organizarse: Edgar Neville, ya testigo y cronista en el veintidós, dirige *Duende y misterio del flamenco* en 1952. En esa misma clave poética jonda, un año después, comienzan las grabaciones de la *Antología del Cante Flamenco* de Hispavox, primera grabación sistemática de los palos flamencos. Tras este impulso, hacia 1955 dos figuras destacadas del entorno, Anselmo González Climent y Ricardo Molina, comienzan a pensar en cómo renovar el ímpetu granadino y organizar un concurso de cante con vistas a promover un «Instituto de flamencología». Ya en 1953, González Climent había recibido una carta de Juanito Valderrama instándole a formar una «escuela rectora del cante (...) De lo contrario nada se conseguirá en esta época de disolución de las tradiciones». Mismo discurso alarmista que en el veintidós, mismos vientos de cambio, mas distintas tesituras: Climent y Molina como émulos de Falla y Cerón; la tradición y el turismo, otra vez, en el centro; una promesa, de nuevo, incumplida —la creación de una escuela de cante, que también prometiera a los granadinos, sin llegar a cumplir, Miguel Primo de Rivera—. Cesiones finales: el alcalde de Córdoba, Antonio Cruz-Conde, militante de FET y de las JONS y más purista que los organizadores, veta la presencia de Pepe Marchena. Lo considera parte del problema. Alcanzado un pacto, el concurso acabó celebrándose en 1956 con el nombre de Concurso Nacional de Cante Jondo. El cartel conmemoraba los veinte años de «Pax», esto es, veinte años desde el Glorioso Alzamiento.

Ha habido, hasta la fecha, otras conmemoraciones; en 1972, con el 50 aniversario, incluso una réplica. Todas han matizado al original, han acotado o ampliado puntos, han sido más o menos festeras, pero ninguna de ellas, ninguna, ha dudado de la directriz principal de 1922: que cuando la patria se declara en peligro, el flamenco ha de salir en su defensa.

# PRELUDIO AL CANTE MINERO
## En torno al Festival de Cante de las Minas[1]

Quince mil euros son un argumento artístico. El Concurso de Cante de las Minas lo pone sobre la mesa año tras año para promover los cantes de Levante. Ha acabado erigiéndose como el concurso más importante del panorama flamenco. «Este año hemos tenido unas 460 inscripciones entre cante, baile y toque», nos dicen amablemente desde la organización. No hay concurso que se le acerque.

El evento lleva realizándose desde 1961 durante las fiestas patronales de La Unión, Murcia.

«En el programa de fiestas destaca el I Festival del Cante de las Minas, en el que será interpretado el famoso

..................
1    Publicado en *El País* el 4 de julio de 2022 con otro título y eliminando, por decisión editorial unilateral, la referencia a Camilo José Cela del escueto listado de «figuras señeras del franquismo». La entradilla, por su parte, rezaba así: «A lo largo del mes de junio y mitad de julio se celebran a lo largo de toda la península las pruebas selectivas para la fase final del concurso flamenco económicamente mejor dotado de la actualidad: el Concurso de Cante, Guitarra y Baile Flamenco de las Minas».

cante de nuestra tierra, importante faceta del folklore murciano, actualmente en peligro de desaparición», decía un periódico de época, haciéndose eco de un muy flamenco y en general muy vernáculo argumento: el peligro.

Sus primeros 20 años más parecieron una liga profesional que un concurso. Un año tras otro, básicamente el mismo grupo de cantaores se disputaba los premios entre sí. Enrique Orozco, Antonio Piñana, Pencho Cros, Bernardo el de los Lobitos, Manolo Fregenal, Manuel Ávila, Canalejas de Puertos Real, Eleuterio Andreu y algunos pocos más alternaban premios y segundas posiciones. Sin embargo, pese a esta estructura de circuito cerrado, apoyado por varias figuras señeras del franquismo como José María Pemán o Camilo José Cela, pronto ganó envergadura en el panorama nacional.

Su finalidad era clara: incorporar a Murcia dentro del mapa flamenco normalizado, convertirla «en la novena provincia andaluza», como se decía por entonces. El pulso se echaba —también en ese sentido emulando el Granada '22— contra Cádiz y Sevilla, hegemónicas en el flamenco. De hecho, el pulso sigue y la presencia de las provincias «béticas» se minimiza a conciencia. Las pruebas selectivas, sin ir más lejos, celebradas cada año en unas 15 de localidades españolas, suelen dejar de lado estás provincias, aun sabiendo que esto fuerza a un enorme número de cantaores venidos de esa zona a desplazamientos que no llegan a compensar las dietas que la organización paga. Este año se celebran, por ejemplo, en Rojales, Álora, Ponferrada, Valladolid, Andorra (Teruel), Dénia, Yecla, Hervás, Lorca, Madrid, Torrevieja, Alicante, Sagunto, Albacete y Viator.

Más allá de consideraciones sobre la belleza de los cantes levantinos —objeto principal a valorar en el concurso— el argumento que ha convertido esa especie de liguilla cerrada en el concurso flamenco más solicitado es evidente: se trata del concurso mejor retribuido, con diferencia, de todos los existentes en la actualidad. Por ceñirnos al cante: 15.000 € para el primer premio, la Lámpara Minera, 6.000 € al cante por mineras, 1.500, a cartageneras y tarantas, 5.000 a los cantes de Málaga, Granada, Córdoba y Huelva. A los cantes bajoandaluces (los familiares de la seguiriya, soleá, bulería y tango), tres premios de 1.500 €. Se trata de un perfecto ejemplo de negociación en la historia de las artes. Y ha sido un éxito. Desde luego que los cantes mineros no corrían riesgo alguno de perderse, pero desde luego no tendrían este predicamento actual de no ser por el éxito del concurso.

Una peculiaridad más es la persistencia que se suele requerir para ganarlo. Paula Rodríguez Lázaro, último premio de baile (Desplante minero), que ayer pasó por las pruebas a acompañar a uno de los concursantes, no necesitó de ese *via crucis*: «Era la primera vez que me presentaba». Sin embargo, es excepción. José Antonio Romero Pérez «El Perrito» (nieto y sobrino respectivamente de los respetados cantaores Perro de Paterna y Cachorro de Paterna) ha llegado varias veces ya a las fases finales. Hoy se encuentra en las preliminares de Madrid. «Claro que hay que insistir, ¡no vas a ganar a la primera!». Romero tiene el perfil exacto de los ganadores de este concurso: voz clara, afinada y potente, cante controlado con adornos técnicos puntuales muy medidos. Uno de los jueces, José Cros, sentencia sin dudar lo que se busca en el concurso: «pureza, pasión y cantaor». Es decir: capacidad mimética y recursos vocales. Desde la organización remachan: se trata de si las interpretaciones se ajustan al canon, no de lo bien que cante o lo mucho que guste un intérprete.

José Plantón Heredia, hijo del recientemente fallecido Calli, cantaor de culto entre los aficionados, es, en cambio, la primera vez que se presenta. Su voz es contraria a la de Perrito: está llena de armónicos nasales, es granulosa, dulce y muy apta para el pellizco inesperado. Ya sólo templando se aprecia que es la voz de un cantaor. En general no es un perfil de cantaor premiado en la Unión. Con ciertas salvedades (y no hay que dejar de recordar al desgraciadamente desaparecido Víctor

Quero «Charico», una de las grandes voces de su generación), estos cantaores que recuerdan a lo que se llama cante gitano no corren buena suerte en las pruebas. El tocaor Marcos Serrato, que también se ha presentado en numerosas ocasiones al premio de guitarra, llegando varias veces a la fase final, también hoy vuelve a intentarlo. ¿Merece la pena persistir? «Esto me gusta demasiado. Tocar allí en Murcia es impresionante».

Todo el purismo y demarcación territorial que mantienen en el concurso lo tratan de compensar con el festival paralelo. En este, el cante bético tiene una presencia central, también el flamenco pop. A través de los años, por allí han pasado desde Isabel Pantoja a Niña Pastori y de Antonio Mairena a José Menese. Es la otra mano de la negociación, la izquierda. Y es que para que un campo artístico esté vivo es necesario que haya algo en juego y gente dispuesta a jugar que conozca las normas del juego (así se podría definir muy a grandes rasgos la teoría de los campos sociales, ya clásica, de Pierre Bourdieu). Si la utilizamos para considerar el mundillo del flamenco resulta una herramienta clarificadora: en el flamenco hay mucho capital en juego y gente dispuesta a jugar que conoce, a la perfección, las reglas que gobiernan los campos sin ser sociólogos.

## UNIÓN FLAMENCA, EL SINDICALISMO
## AMARILLO FLAMENCO[1]

Singularidad y autonomía son conceptos heterogéneos. Sin embargo, es habitual que quienes se arroguen el primero busquen atribuirse el segundo. En el flamenco, precisamente, su relativa autonomía con respecto al campo cultural y artístico general es un problema muy en liza de un tiempo a esta parte. El estado de paralización que los efectos colaterales de la pandemia tuvieron sobre el mundo escénico forzó una respuesta práctica a esta pregunta por parte de un grupo de reconocidos profesionales del sector, que decidieron asociarse para «ayudar a la gente del flamenco que lo pasó y lo está

---

1 Aceptado como propuesta para *El País* y posteriormente, una vez enviado, rechazado para su publicación. Fue escrito el 12 de enero de 2022, cuando «tras poco más de un año de andadura, la asociación y sindicato de profesionales del flamenco, que celebró en el Parlamento Andaluz su primera asamblea general, donde se eligió una nueva junta directiva, se consolida con nueva junta directiva y unos 500 profesionales afiliados, entre los que se encuentran muchos de los más representativos e influyentes del ramo».

pasando mal», haciendo frente común ante unas pasivas instituciones públicas. Así, promovida inicialmente por Eva Yerbabuena, Arcángel, Andrés Marín, Rocío Márquez, Marina Heredia, Dorantes y Rocío Molina, se creó Unión Flamenca, una asociación que pretende representar los intereses de todo el espectro flamenco como campo cultural autónomo. Por ello, además de su trabajo de interlocución con la administración pública —principal fuente de contratación de una gran parte de los profesionales flamencos—, Unión Flamenca se erigió como sindicato gremial de trabajadores asalariados.

## Horizonte y Nueva directiva

En su primer año de andanza, y según las declaraciones de Susana Martínez —coordinadora de Unión Flamenca hasta este mismo mes— la intención ha sido velar por los intereses del colectivo flamenco, realizar campañas informativas y ofrecer asesoramiento «jurídico, laboral y social» a sus asociados. En su documento de presentación se establecen otros fines a medio plazo, como el de lograr una renta mínima para los flamencos, establecer una mesa de negociación colectiva permanente con las autoridades gubernamentales o generar un convenio colectivo para el sector.

Con unos 500 profesionales asociados hasta el momento, entre los que se encuentran muchos de los más representativos y que más dinero mueven en el sector —Miguel Poveda, María Pagés, Mayte Martín, Juan Carlos Romero, José Mercé, Manuel Liñán, Tomatito, La Tremendita o Carmen Linares—, la asociación y su sindicato han realizado en el poco más de un año de vida que tienen diversas campañas y denuncias públicas sobre la situación de los flamencos durante y «tras» la pandemia.

Su primera asamblea general se celebró el pasado 13 de diciembre. Tuvo lugar en el Parlamento de Andalucía por invitación expresa de su presidenta, Marta Bosquet, de Ciudadanos, que, presente en la mesa junto a dos de los miembros de la asociación, los cantaores Arcángel y Marina Heredia, explicitó su «apoyo incondicionado» a la asociación, señalando, a su vez, que la pandemia sacó a la luz la «vulnerabilidad» de los trabajadores de un sector que, insistía, tiene «particularidades propias». También señaló que se estaba trabajando en una nueva Ley del Flamenco, de la que nada adelantó. Además de la presidenta, al acto asistieron representantes políticos del PSOE, PP y VOX.

En la asamblea general se eligió como nuevo presidente al bailaor Antonio González y como vicepresidentes a Rafaela Carrasco, Marina Heredia y Juan

Carlos Romero. En un comunicado con fecha 30 de diciembre, el secretario de la asociación, Antonio Campos, ha señalado que para 2022 la nueva junta tiene como propósito «trabajar y luchar para dotar al colectivo de un marco normativo, tejiendo puentes con diferentes asociaciones».

## LA IDIOSINCRASIA DE UN SECTOR

El punto sobre el que pivota todo el sentido de la asociación es, como insisten en documentos y presentaciones, la peculiaridad laboral y económica del sector, que requiere un trabajo específico y autónomo. Sin embargo, cuáles son esas peculiaridades laborales y económicas no queda claro en ninguno de sus documentos (ni parece plausible que puedan establecerse). En su lugar, lo que se reitera constantemente es el específico aporte que el flamenco hace a la identidad nacional y andaluza así como a su economía. En un apelación al Ayuntamiento de Córdoba por la cancelación, este mes de mayo, de su Noche Blanca y su Festival de los Patios, exigían que se tratara con «sensibilidad a nuestro colectivo, en tanto que su aportación a la cultura de Andalucía no está siendo correspondida con el tratamiento laboral que recibe». Más que por su especificidad laboral, la exigencia de un trato deferente viene por su especificidad cultural.

## JOSÉ CEPERO, EL SINDICALISTA DEL CANTE

El 9 de junio de 1931, en la Casa del Pueblo de la calle Piamonte 2 de Madrid, la Asociación de Artistas Españoles de Variedades celebró su primera asamblea general ordinaria. Regularmente se encuentran en la prensa (*El Heraldo de Madrid* , *La Voz* o *Ahora*) convocatorias a ulteriores asambleas y reuniones. El 29 de agosto de ese mismo año, con un tono abiertamente burlesco, Vicente Sánchez-Ocaña entrevista a Conchita Piquer, Luisita Esteso y Carmelita Sevilla para la revista *Estampa* en una pieza titulada «Los artistas de varietés se sindican y declaran la lucha de clases». El 11 de septiembre de 1931, en *Ahora*, Josefina Carabias entrevista al vocal de la asociación, el cantaor José Cepero.

Se trataba del primer sindicato flamenco de la historia. Adscrito a UGT, en sus primeros meses llegó a 200 afiliados; en mayo del año siguiente, a unos 1.000. Su junta la constituían el payaso Pompof en la presidencia, el bailarín Arsenio Becerra en la secretaría y Amalia Molina, Luisita Esteso, Ofelia Aragón, José Cepero y Angelillo como vocales. Ya estaban afiliados a él muchos de los más conocidos artistas del entorno (además de los citados hasta ahora, Niña de los Peines, Estrellita Castro, Aurora Imperio, Sabicas o El Pena). Según una noticia publicada en prensa, hacia 1934 estaba compuesto mayormente de «cantaores flamencos».

La lectura de los pocos ejemplares de su boletín a los que se puede acceder muestran un sindicato ciertamente alejado del ideal marxista de «escuela de socialismo», pese a la —también decreciente en el tiempo— terminología militante («marxista») que los periodistas ponían en boca de los artistas en la libre transcripción de sus entrevistas (y que hay que poner en duda dado el tono paródico y burlesco general de los textos). En un comienzo, se trataba de una mera petición de dignificación de las condiciones laborales de los afiliados, pidiendo la intervención estatal, facilitada por la misma composición del gobierno. Se pedía, desde una bajada de impuestos hasta la regulación de la exhibición del cine extranjero y la nacionalización de la industria.

Se lograron cosas, como la cobertura para artistas bajo un Montepío, pero también llevó a prácticas de sindicalismo corporativo, donde los afiliados tenían prevalencia a la hora de conseguir contratos. El mismo Luis Maravillas señalaba mucho tiempo después a José Manuel Gamboa este corporativismo.[1] Al parecer, según noticias poco fiables, durante la guerra, tiempo en que muchos de los teatros más importantes de Madrid pasaron a ser dirigidos por los principales sindicatos (UGT y CNT), Cepero hizo un uso abusivo de su posición a la hora de repartir el trabajo, lo que, también al parecer, junto a su abierta posición política (con letras, estas sí, explícitamente contrarias al bando sublevado), fue causa de su caída en desgracia en la inmediata posguerra.

Y, sin embargo, pese a sus límites, pese a la perversión que la Asociación de Artistas Españoles de Variedades y la misma UGT podían suponer ya entonces con respecto a las ideas y prácticas del sindicalismo revolucionario (un creciente corporativismo, chovinismo, así como una peligrosa tendencia verticalista), nació y se desarrolló como un sindicato de clase. Los empresarios no formaron nunca parte —al menos no directamente— de sus estructuras. Sólo trabajadores asalariados, proletarios. La Asociación fue parte del movimiento obrero y, ni que

----

1   «Había que sindicarse para trabajar. ¡Se formó un revuelo en Villa Rosa entre los artistas! Cepero, que a la muerte de Chacón era la figura más importante que había en Madrid, el cantaor de mayor prestigio, servía de ejemplo para que los demás artistas se apuntaran al sindicato de la UGT. Todo el mundo se hizo del sindicato» (*Otra historia del flamenco*, Espasa, 2011, p. 260).

fuera por la constante defensa de sus afiliados ante abusos, por sus públicas denuncias frente ante empresarios del mundo del espectáculo, o visibilizando accidentes laborales, incumplimientos de contrato, etc., mantenía la apariencia de un sindicato socialista.

## EL COLOR DE UNA ASOCIACIÓN

Hay sindicatos de todos los colores. Unión Flamenca es amarillo. Por su estructura, más parece una patronal: tanto su junta directiva como un buen grupo de sus socios son empresarios con compañías propias de considerable envergadura, con un nada desdeñable número de profesionales y técnicos que no entran dentro de la categoría de flamencos, sino que pivotan en el más amplio mundo de las artes escénicas.

La cuestión es sencilla: una asociación que se pretende sindical y que está dirigida, como es el caso, por los empresarios que contratan a la masa principal de trabajadores cuyos intereses han de defender tiene comprometida de antemano la defensa de los mismos. El apoyo a una negociación que, pongamos por caso, el sindicato puede ofrecer al elenco de una compañía cuyo director también es socio del mismo no será, desde luego, incondicional.

En su intervención durante la primera asamblea general, el cantaor Arcángel señaló que la asociación no pretendía ser ni una agencia de contratación (aunque en sus redes sociales se hace constante promoción de los espectáculos de algunos de sus asociados), ni tampoco acaparar el sector ni actuar en beneficio propio.

Sin embargo, más allá del amarillismo estructural inicial (que ya lastra, más allá de la buena voluntad, mucho de lo anterior), hay indicios que hacen pensar que la independencia de la asociación y su sindicato pueden verse aún más seriamente sesgados por su trabajo orgánico con las mismas instituciones políticas frente a las que supuestamente surgieron. Uno de los indicios más claros fue la misma celebración de la asamblea general que, presentada por la señora Bosquet, televisada por el Canal 1 del Parlamento de Andalucía y avalada con la presencia de representantes de varios partidos políticos, más pareció un acto institucional que la asamblea de una asociación privada. Aquellos con un mínimo conocimiento de la historia del sindicalismo verán en esta pretensión de colaboración orgánica entre las entidades públicas, el sector empresarial y los trabajadores la imagen, todavía reciente en la historia de este país, del Sindicato Vertical. Es algo más que una sombra.

La autonomía del flamenco con respecto a otros sectores escénicos como el rock, el teatro o la danza, pongamos por caso, sigue siendo una cuestión espinosa. Su peso específico cultural o la idiosincrasia de sus componentes no pueden funcionar como una categoría laboral ni económica. De convertirse en ello, se caería en un viejo problema: considerar el gremio como una unidad homogénea cuando, dentro del mismo, existen, como en todo campo laboral, posiciones antagónicas. Unión Flamenca ha prescindido de toda esta parafernalia, no necesita ni mantener las formas: es, sin tapujos, una asociación de empresarios. Agamenón y su porquero no comparten los mismos intereses.

## Vericuetos y teologías del nuevo andalucismo cultural flamenco
### En torno a Antonio Manuel Rodríguez, Blas Infante, Juan Pinilla y Califato ¾ [1]

La cultura ha sustituido a la teología y la identidad cultural a dios. Cuando Antonio Machado escribe en 1935 a Ramiro de Maeztu agradeciendo el envío de su «hermoso libro *Defensa de la hispanidad*, que he leído y releo con deleite», aconseja a Maeztu hacer hincapié en «las banderas de Cristo» más que en la bandera española a la hora de construir una «corriente de orgullo españolista». Y aunque a corto plazo fuera el nacionalcatolicismo de Machado el oficialmente triunfante, fue el patriotismo cultural del reaccionario Maeztu el más visionario. Tanto, que es ahora el paradigma teórico dominante,

---

1   Publicado en *Babelia*, suplemento de *El País*, con distinto título, el 28 de enero de 2022. La entradilla que lo acompañaba decía: «El año 2021 ha experimentado una nueva y fuerte ola de andalucismo en el mundo del flamenco. Con varios proyectos musicales y libros (sobre todo uno: *Flamenco. Arqueología de lo jondo*, ya por la 4.ª edición) vuelve a ser un campo cultural en pugna abierta por los signos».

incluso para empresas políticas que se pretenden anti-hispanistas.

A lo largo de 2021, el flamenco ha experimentado una importante ola de andalucismo. No es nada nuevo, se trata de un fenómeno cíclico cuyo acento e intensidad dependen del clima político que le rodea. Pero parece que este año la ola ha alcanzado una cresta. En 2019, el profesor de derecho de la Universidad de Córdoba, Antonio Manuel Rodríguez Ramos, publicó en la editorial Almuzara el libro *Flamenco. Arqueología de lo jondo*. Notable éxito editorial reeditado este año (va por su 4ª edición), fue el aldabonazo de salida. Epígono del anterior, este mismo año se publicó también *Origen e historia íntima del flamenco*, de José Ruiz Mata. También salió a la luz el disco *Humana raíz*, de Juan Pinilla, y el primer disco del proyecto A Palos, combo flamenco que, bajo la batuta del citado Antonio Manuel Rodríguez, conforman el cantaor José María Cala y el guitarrista Carlos Llave. Dentro del mundo electrónico, el grupo Califato ¾, de estética también centrada en los clichés andalucistas, editó este año el disco *La Contraçeña*. Esta ola coincide con la reconstitución de Adelante Andalucía que, liderado por Teresa Rodríguez, intensificó en mayo su posición andalucista.

Tienen rasgos comunes: comparten la singularidad cultural andaluza como horizonte de legitimación, se sitúan en el espectro de la izquierda progresista, incluso se tildan a veces de comunistas. Sin embargo, tienen como referente a Blas Infante, padre del andalucismo, que, si bien, como ellos, consideraba el flamenco un arma de batalla del andalucismo, también era abiertamente antibolchevique, antimarxista, tenaz defensor de la fisiocracia y convencido patriota español.

## El origen del flamenco contra la historia: Antonio Manuel Rodríguez

El flamenco nació como género musical en la última parte del siglo XIX. Que se basa en músicas anteriores, que tiene diversas fuentes y que su nombre es anterior a la música misma huelga decirlo. Le ocurre a toda música —el nacimiento de cualquier género es un hecho más sociológico que musicológico—, lo que no hace que esta nazca antes de nacer. Sin embargo, el profesor Rodríguez lo sitúa en Al-Ándalus. Pero es que el libro *Flamenco. Arqueología de lo jondo* no es, pese al título, y por voluntad del autor, un libro de historia. En él no se busca el origen histórico del flamenco. Se trata de algo muy opuesto: buscar su origen, digamos, *poético*. Y este lo encuentra, a través de unas cuantas etimologías, hacia el final de Al-Ándalus, es decir, más de tres siglos antes de su aparición musical. El texto se estructura a modo de fábula (como corresponde a toda construcción mítico-religiosa) a través de oposiciones simples: luz-oscuridad, libertad-esclavitud, hermandad-cainismo... en última instancia, islamismo-cristianismo. Si el flamenco utiliza palabras de etimología árabe (entre ellas la misma 'flamenco'), propone esotéricamente Rodríguez Ramos, es porque estas conservan y condensan —«como un espasmo de la memoria»— la huella de la pérdida de la civilización árabe, así como la de todos los esclavizados y estigmatizados por la civilización cristiana hasta la fecha, a los que la Al-Ándalus *representa*: mozárabes, negros, gitanos, mujeres... Se apaga la luz y comienza, de repente, la esclavitud. Al margen del considerable ejercicio de fe ciega que supone creer una teoría lingüística tal, el nivel de fabulación que contiene la narración histórica de Rodríguez tampoco es desdeñable. No es necesario profundizar en la historia para saber que el uso y comercialización de esclavos en Al-Ándalus fue extendido (sobre todo de negros y mujeres). Su peso en el mercado era comparable al que tenía la agricultura y la fabricación de armas o artículos de lujo para las clases empoderadas. Ello no parece importar al autor, en tanto, se trata de encontrar el origen mítico-poético, no histórico, y el mito se construye, precisamente, contra la historia.

El pensamiento de Infante —base de legitimación de esta ola de andalucismo considerada progresista— dista mucho de responder al de un revolucionario comunista. Entre sus referentes teóricos no había nadie que se pudiera considerar tal. Sin embargo, entre los que sí lo eran encontramos a tres de los pensadores fundamentales en la construcción del pensamiento burgués en el entorno español: Pi y Margall, Joaquín Costa y Henry George. De Costa tomó el colectivismo agrario y la fisiocracia (que luego terminó de pulir con Henry George), y de Pi y Margall su idea autonomista (aunque a la hora de tratar de ponerla en práctica tuviera más en consideración el regionalismo del conservador Cambó). Consideraba también la costumbre como la «única ley poderosa e indeclinable», la propiedad privada de la tierra como la base de la economía, desdeñaba el separatismo (de hecho, consideraba Andalucía «la esencia de España»), consideraba que Lenin «desacredita el comunismo» (término que entendía en un sentido espiritual) y que el marxismo era una amenaza. En una carta al general Francisco Pogo, afín a la dictadura de Primo de Rivera, postula su libro *La dictadura pedagógica*, de 1921, como guía que contiene las medidas objetivas que debería «ejecutar la dictadura para poder ejercer, mediante aquellas, un ministerio pedagógico, creador de esencias y de dignidad patriótica y cívica en el ánimo del pueblo español». Estas serían un «seguro contra el comunismo marxista». En la misma carta declina la oferta de un puesto público, pero apunta: «para trabajar obscuramente, estoy a sus órdenes».

No en balde, Blas Infante trabajaba por una «Andalucía libre, España y la humanidad»; aunque ahora se cambie 'España' por 'los pueblos', acaso para facilitar la deglución del mito.

## MÚSICA Y FISIOCRACIA 1: JUAN PINILLA

Juan Pinilla es un muy premiado cantaor y animador político con cierta relevancia. Su último disco se titula *Humana raíz*, y alterna cantes ortodoxos con temas pop de factura simple. Aunque ya publicara un disco homenaje a Blas Infante, en este disco asume en primera persona el culturalismo andalucista. Militante del PCE desde su juventud, sostiene que «ser comunista es una categoría del espíritu», lo que se refleja bien en el disco, en el que se habla «enfermedades del alma» o se reivindican idealizaciones patrióticas (sus temas *Andalucía* o *La teoría del olé* coinciden sorprendentemente, tanto en lo musical como en lo lírico, con el tema *Patria*, del último disco de Miguel Poveda). Y aunque es verdad que militar en el PCE no significa sostener una óptica materialista, ni mucho menos marxista, todavía choca ver a un militante comunista defender categorías espirituales como 'humanismo' o metáforas fisiocráticas como 'raíz'; infantianas, desde luego, pero anticomunistas.

### Excurso sobre la fisiocracia

Si hay algo que separa a Blas Infante de ser comunista es, más que otra cosa, su teoría económica. Infante fue un firme defensor de la fisiocracia, es decir, la teoría que considera la tierra como única generadora de plusvalor.

Un reciente ejemplo de fisiocracia se puede ver en un mensaje de Teresa Rodríguez en redes del 22 de diciembre respecto a un conflicto laboral en la fábrica de Zumosol de Coria del Río:

> La angroindustria es un sector estratégico para desarrollo de Andalucía para que dejemos de ser exportadores de materia prima dejando que otros se queden con el valor añadido de nuestros productos.

Para un fisiócrata el valor de un zumo, del que otros se lucran, ya estaba en la tierra de la que salió el naranjo.

Para él, se explota a la tierra; de ahí que el reparto igualitario de la misma genere una sociedad igualitaria y de ahí la demanda de «tierra y libertad». De ahí también que sea una teoría que se ajuste perfectamente al nacionalismo, que basa gran parte de su metaforología en la tierra, la raíz, la autoctonía...

Sin embargo, bajo una óptica comunista marxista, el plusvalor lo da el trabajo (cultivo, cosecha, manufactura...), no se explota a la tierra (que no es más que mera generadora de materia prima) sino al trabajador y que el reparto de la tierra, sin los medios de producción y la fuerza de trabajo necesarios, es un brindis al sol de la pequeña burguesía.

## MÚSICA Y FISIOCRACIA 2. A PALOS

El proyecto musical de Antonio Manuel Rodríguez, A Palos, cuyo primer disco, de título homónimo, ha sido recientemente publicado, gira también en torno a esta concepción moral y espiritual de la política. Es un disco de flamenco ortodoxo, con letras que mezclan el patriotismo con la crítica social melodramática (lo que sufre un inmigrante al irse, un niño al ver a sus padres pelear, una madre al quedarse sola o un pueblo al quedar vacío) junto a un buen montón de los tópicos del izquierdismo («como los perros de un rincón son los pobres de derechas», «mi cante es la rebeldía de los que odiamos la guerra, de los que amamos la vida»). Sigue la misma estrategia argumental del libro, asociando el proyecto mitológico de una nueva Al-Ándalus a grandilocuentes términos genéricos como bondad, justicia o libertad sin argumentar el nexo.

### MÚSICA Y FISIOCRACIA 3. CALIFATO ¾

Califato ¾ es un grupo de música electrónica abiertamente andalucista. Su fundamento es el mismo que el de los anteriores —una idealización de Al-Ándalus— pero a esta añaden un nuevo eslabón insospechado: la reivindicación de una de las mayores manifestaciones del populismo nacionalcatólico, las marchas de Semana Santa. Es muy probable que no sea un gesto demasiado meditado, sino que responda a un esnobismo propio de un contexto donde estos gestos se codifican como una bienvenida excentricidad a la par que aportan un rasgo de distinción (exótica...) en el mercado. Pero si a esa doble reivindicación le añadimos su campaña (que consideran alimenticia pero que acaban justificando por considerarlo un injustamente vilipendiado producto de la tierra) para Cruzcampo, cerveza que hasta hace unos pocos años perteneció a los Osborne —familia capitalista andaluza por excelencia— su estética musical, premeditadamente o no, resulta estar puesta al servicio de entidades tan poco revolucionarias como califas, obispos y grandes estirpes capitalistas, es decir, de las élites andaluzas, nacionales e internaciones, actuales y pasadas.

## CODA

Hacer de una diferencia cultural una base política es entrar al juego del choque cultural, es una vuelta a las naciones étnicas, sólo que a una etnicidad que ya no se basa en la religión —como en su hermana mayor, el choque de civilizaciones del que hablara Huntington, al que tanto se acusó, con razón, de reaccionario y xenófobo— sino en su vástago, la identidad cultural. Theodor Adorno se preguntaba, casi con incredulidad, cómo funcionaba el mito en la «sociedad desmitologizada», y señalaba a la cultura como principal sospechosa. En todo discurso culturalista se hurta que la identidad cultural esconde dentro de sí las diferencias políticamente relevantes —las económicas— que son las que mueven realmente la política y sobre las que hay que incidir para cambiar realmente el estado de cosas. Porque el nacionalismo cultural intenta hacer creer a sus seguidores que, de lograr sus objetivos de «reconstruir» la tierra prometida, ellos no serían negros o esclavas, sino que pasearían por sus jardines y disfrutarían de sus lujos. Es como lo que se dice a los niños que juegan en equipo para evitar conflictos: «no riñáis: en este equipo todos seréis capitanes».

# YACIMIENTOS DE GOMA LACA CONTRA LA SINGULARIDAD[1]

El patriotismo cultural es de catetos. Esa es la opinión de Béla Bartók, al menos: «El descubrimiento de valores culturales implícitos en la poesía y la música populares fue una notable contribución al desarrollo del orgullo nacional, aun porque, al no existir en el comienzo de estas investigaciones la posibilidad de estudios comparados, cada pueblo terminaba creyendo que tales tesoros eran su exclusivo y peculiar privilegio». La fonofijación, desde su mismo comienzo, se puso al servicio de la construcción de esta imagen bisoña de la singularidad grabando en miles y miles de discos de goma laca las músicas supuestamente propias de cada nación. Las

1  Publicado en el suplemento *Babelia* del diario *El País* el 5 de marzo de 2021. La entradilla rezaba así: «El sello Dust-to-digital acaba de publicar el disco *Excavated Shellac: An Alternate History of the World's Music*, una amplia selección del inconmensurable trabajo de catalogación y digitalización de la música vernácula impresa en los discos de goma laca de 78 rpm del primer tercio de siglo que Jonathan Ward lleva haciendo desde 1997 en la web homónima».

grandes multinacionales discográficas y las élites burguesas de cada país vieron claramente la rentabilidad de explotar dichas músicas vernáculas, unas por dinero, las otras buscando la hegemonía. Es así que estas músicas tomaron forma y distinción más allá de lo razonable, más allá de su morfología, promulgando por decreto la propia rareza: «El flamenco es único», «el canto difónico es patrimonio del pueblo mongol», etcétera.

Una cura contra esta alienación es la escucha comparada, como proponía Bartók. Y no siempre es fácil realizarla, pues, aun hoy día, los sellos que se ocupan de las músicas vernáculas las siguen vendiendo como productos exóticos e incomparables bajo el aura de la autenticidad. Afortunadamente, no es el caso de *Excavated Shellac* [excavatedshellac.com], un proyecto web en el que su creador, Jonathan Ward, lleva desde 2007 digitalizando y poniendo al servicio de quien le preste oído su absolutamente apabullante colección de músicas vernáculas en discos de 78 rpm. Recientemente, el meritorio sello Dust-to-Digital —que también lleva un buen montón de años en estas lides— acaba de publicar una compilación de la colección que, bajo el nombre *Excavated Shellac: An Alternate History of the World's Music*, contiene más de 100 grabaciones y un libreto de 186 páginas con textos y anotaciones del mismo Ward. Y es una ocasión magnífica para llevar a cabo este tipo de escucha, dejarse confundir por un coro búlgaro que resulta ser albanés, una línea de fado que resulta ser rebético, una pianola de vodevil que resulta ser música birmana, una canción sarda que recuerda a una petenera.

¿Cómo es posible este parecido? En un primer momento, la confusión puede deberse a una mera falta de pericia, pero, si se profundiza, los parecidos subsisten. Hay una explicación esotérica que puede ser del gusto de algunos: la de la migración mágica de los símbolos. Es la sostenida por Rudolf Wittkower. Pero se antoja más bien una forma de dar nombre a la ignorancia. Una tesis más plausible es la de que, si ha existido y sigue existiendo un incesante intercambio, cruzamientos e injertos entre las músicas vernáculas, es por una sencilla razón: por la migración, no de las almas ni tonterías similares sino de las personas, y, más concretamente, del proletariado, la emigración, con diferencia, más masiva de la historia. Como bien estudia Michael Denning en *Ruido insurgente*, el trabajador, cuando emigraba, lo hacía con sus músicas. Y no sólo en el recuerdo, también con sus instrumentos y —en muchas más ocasiones de las que se tiende a pensar— con sus discos y reproductores portátiles. La cosa no tiene más ciencia: contacto directo debido a las nuevas condiciones económicas.

Por su parte, Manuel de Falla, incómodo con todo esto, era capaz de escribir lo siguiente en 1916: «La horrenda guerra que padece Europa ha de servir, entre otras cosas, y sea cual fuere su resultado, para establecer las que pudiéramos llamar fronteras de razas. Estas fronteras iban desapareciendo de modo creciente y constante, y con ellas uno de los tesoros más sagrados que los pueblos deben conservar: los valores que caracterizan el arte creado por una raza». Falla no es ciego a la permeabilidad; la reconoce y, por eso, haciendo gala de un discurso perfectamente xenófobo, la rechaza. Para él, siguiendo a Felipe Pedrell, el cante jondo, supuesto tesoro español, era también producto de una amalgama, pero lo suficientemente antigua como para declarar que su forma, como la de la misma España, ya estaba acabada y no necesitaba de ninguna mezcla más. Puede pensarse, para salvar los muebles, que no es necesario hacerse cruces, que cuando antes se decía 'raza' se quería referir a lo que ahora se entiende como 'cultura', sin más, sin sustrato 'racial'. Afortunadamente, contundentes estudios como el que Samuel Llano realiza en su libro *Notas discordantes*, deja meridianamente claro que el concepto de raza que se manejaba en ese entorno era básicamente el mismo que el que más tarde, pongamos por caso, manejarían las SS. Llano explica cómo el concepto se asentó en España gracias al impacto y amplia difusión (por cierto, debida al trabajo de miembros de la Institución Libre de Enseñanza) de los textos de los padres del racismo y la xenofobia moderna *tout court*: Cesare Lombroso, Max Nordau y sus seguidores españoles, Rafael Salillas o Constancio Bernaldo de Quirós.

La singularidad cultural nacional no aguanta la prueba de la escucha. Demasiados parecidos, demasiada poca singularidad. Y es que, si el patriotismo es una forma de alienación, de irracionalismo, el trabajo serio de proyectos como *Excavated Shellac* es un buen antídoto. Adorno sentencia con claridad: «Bartók, el húngaro, ha sido maltratado por su patria en el quincuagésimo aniversario de su nacimiento. Esto podría extrañar; pues su música tiene una intención nacional, en gran medida folclorista, tal como, por lo demás, gusta al fascismo político; está al margen del proceso de racionalización de la música europea. No obstante, si en su ámbito original, esta música, a pesar de su propensión político-nacionalista, y debido a ella, no halla reconocimiento, esto mismo remite a un doble sentido de lo folclorista. A saber, mientras que el folclore medio, moderado, no meramente glorifica a la patria, sino que la refuerza en su simpleza natural e inculca a los hombres, como la música popular, una esencia con vínculos orgánicos, un folclore serio y radical penetra en las profundidades del material en las que tal unidad y simpleza no persisten, sino que se desmoronan».

## María la Perrata y las madres del cante

### De *Rito y Geografía del Cante* [1]

Pastora Pavón, Niña de los Peines, nunca tuvo la necesidad de salir a escena con su madre, Pastora Cruz Vargas (Pastora la del Calilo). Poco se sabe de ella. Si cantaba —cosa que, al parecer, hacía— no hay constancia de que lo hiciera públicamente, pero menos, sobre todo, de que fuera invitada por su hija al escenario. ¿Para qué lo iba a hacer? ¿Qué ganaba con mostrar que su madre cantiñeaba? ¿Acaso mostrar que venía de lo que ahora se llama familia cantora? El caso es que no ocurrió. Ni ocurrió ni era remotamente probable que ocurriera.

Episodio piloto de la serie *Rito y geografía del cante* —verdadero paradigma de lo que se entendería por

1   Publicado en *El Salto Diario* el 20 de noviembre de 2021. La entradilla rezaba así: «El 20 de noviembre de 1971, hace 50 años, se emitió el episodio piloto de la más paradigmática serie rodada sobre flamenco, *Rito y geografía del cante*, central para la imagen actual que hay del flamenco. La mujer jugó en ella un papel central en su construcción estética e ideológica, como se ocuparon de dejar claro en el mismo episodio piloto».

flamenco desde entonces hasta, mayoritariamente, hoy—, dedicado a «Cádiz y los puertos» y emitido el 20 de noviembre de 1971 en La 2 de TVE. Se escuchan unas alegrías de Cádiz interpretadas por la Perla, bulerías de María la Sabina, más alegrías por Juan Vargas, María la Perrata con unas cantiñas del Pinini, Rafael Romero por mirabrás, tientos de Juan Vargas y un ramillete de bulerías por, de nuevo, la Perla de Cádiz, pero junto a su marido Curro la Gamba. Por entonces, había en Cádiz muchos cantaores ya algo más que despuntando: el mismo Camarón, Pansequito, Juan Villar o Turronero, por ejemplo. Pero José María Velázquez-Gaztelu, «ideólogo» de *Rito y geografía*, decidió seleccionar para un episodio tan importante como el piloto a seis cantaores, entre los que sólo tenía cierto renombre la Perla, y de los cuales sólo la mitad eran profesionales. Los otros tres eran Curro la Gamba y —acompañadas por sus respectivos hijos y maridos— las madres de dos cantaores que sí eran ya muy reconocidos por la época: Santiago Donday y, sobre todo, El Lebrijano. En otro episodio posterior, apareció otra significativa madre acompañada de su hijo: Juana Cruz Castro, madre de Camarón. Ninguna de ellas era profesional hasta esa época y, de todas, sólo la Perrata tuvo después cierto recorrido profesional, llegando a publicar varios discos y realizar diversos recitales.

Se trataba de toda una declaración de intenciones.

Acaso fueron varias las razones por las que la Niña de los Peines no apareció con su madre. Una es que el flamenco era un género musical que, hacia 1900, cuando la Niña comenzaba de niña a subirse a escenarios, no tenía ni medio siglo, es decir, un género que, por más que viniera, obviamente, de formas previas, carecía todavía de tradición. Era de reciente creación. Otra es que el abolengo o la estirpe no eran variables que aportaran al cantaor capital simbólico alguno. Acaso sí comenzaba ya a aportarlo una supuesta pertenencia étnica, en tanto el nacimiento del flamenco está aparejado a un reaccionario giro que poco a poco fue tomando forma, consumándose en el Concurso de Cante de 1922, hacia la «autenticidad» como paradigma central. Sin embargo, la profesionalidad pura y dura seguía siendo por entonces el criterio fundamental para que un artista se pudiera ganar la vida como cantaor flamenco ya que, por aquel momento —y hasta mucho tiempo después— el flamenco compartía el mismo entorno económico que otros géneros musicales muy pujantes, como el cuplé, y no era raro que ese mismo artista tuviera que bregarse en varios de ellos.

Que dos de los seis cantaores que pasan nada menos que por el episodio piloto de *Rito y geografía* sean madres no profesionales no es baladí. El mismo Lebrijano,

Camarón o María Vargas, todos ellos jóvenes y pujantes cantaores, hubieran sido una apuesta más segura. Al menos eso puede parecer desde la mirada actual. Pero, como recuerda Velázquez-Gaztelu, aquella era la época de Antonio Mairena, del mairenismo, una ideología flamenca que trataba de dar cuerpo real al idealismo racial de Falla y Lorca, construyendo para ello una subhistoria del flamenco, la del cante gitano-andaluz, que viene a coincidir con el jondismo lorquiano pero que, frente a la abstracción del primero, trata de llevarlo a tierra dándole un corpus formal y estilístico absolutamente estructurado y señalando como origen y únicos jalones a ciertas y distinguidas estirpes gitanas de la Baja Andalucía, portadoras de lo que Mairena llamaba «razón incorpórea», concepto que le servía para no eliminar todo el halo de misterio que el lorquismo ponía sobre la raza. La pureza de estirpe se convirtió en una poderosísima herramienta de legitimación. Y las madres son el epítome de las castas, el perfecto resumen de la transmisión íntima, familiar, sin secretos.

Las castas. Algo que tan mal suena políticamente, tan contrailustrado y hasta contrarrevolucionario, en el campo del flamenco comenzó a ser un rasgo deseable, incluso a los ojos de aficionados afines políticamente al comunismo o al socialismo. Y, de hecho, como las familias políticas, las castas flamencas, en grados cada vez más laxos de consanguineidad, son capital todavía muy relevante. Es hasta triste ver a los más diversos cantaores esforzarse en señalar en las entrevistas sus remotos parentescos con las principales castas, como dando a entender, frente a toda lógica evolutiva seria, que la sangre compartida les transmite el saber.

Lo que la Niña de los Peines no tuvo siquiera en mente, El Lebrijano, por ejemplo, lo llevó hasta el punto de titular el primer disco de su madre, María la Perrata, cuya producción coordinó: *«De casta le viene...» El Lebrijano presenta a su madre la Perrata.*

Sin embargo, hay una cosa muy curiosa cuando se escuchan esos cantes de matriarcas, los de Juana Cruz, la Sabina o la Perrata, que *Rito y geografía* recogió: que no cuadran dentro de ninguna de las ramas del obsesiva y minuciosamente estructurado árbol genealógico de estilos que Antonio Mairena construyó con la intención de establecer un periodo de clasicismo flamenco (véase, como muestra, el tipo de catalogación, más de entomólogo que de flamencólogo, realizada por Luis Soler y Ramón Soler en el libro *Antonio Mairena en el mundo de la siguiriya y la soleá*).

¿De dónde salen esos fandangos por soleá de María la Sabina o el escalofriante cante que la Perrata llama «plegaria»? La misma textura de la voz de Juana o la Sabina, la increíblemente extraña técnica vocal de María la Perrata, su singular trémolo, la colocación de su voz, su fascinante concepción harmónica, ¿tienen no sólo cabida alguna en el esquema «clásico», sino algún antecedente? Y no hay en ninguna de ellas esa insidiosa voluntad de heterodoxia que, como dice Jesús Alonso, más que a un creador, corresponde al cura que deja el convento pero se va a vivir a sus puertas.

Lo peculiar de esta historia es que, para tratar de dar legitimidad genealógica a un esquema cantor a través de la casta, se echó mano de sendas y poderosas excepciones que no encajan en el cuadro, pero de las que es imposible hurtarse. De no haber tenido la infinita fortuna de este peculiar 'legitimar la norma con la excepción', de no ser por los beneficios simbólicos, de prestigio y, por tanto, económicos que reportaba mostrar la casta del galgo aún a costa de poner en relativa crisis el esquema que la valora, seguramente la Perrata no hubiera grabado. Siquiera nos hubiéramos podido hacer la lorquiana pregunta de «¿Cómo cantaría aquella Perrata?» porque siquiera hubiéramos sabido de su existencia. Ahora bien, si hubiéramos sabido y ella no hubiera grabado, la respuesta hubiera sido inimaginable: su voz no tiene precedentes ni herencia. La Perrata no pudo correr la suerte de Camarón, del que, como decía Bernarda de Utrera: «¡Pobre, que le imitan hasta los niños!». La Perrata es una anomalía salvaje.

## «YO NO SOY UN ESPECTADOR»
### Entrevista a José María Velázquez-Gaztelu[1]

La imagen actual del flamenco es, en gran parte, expresión de la memoria de José María Velázquez-Gaztelu. «Para mí el flamenco es una gran experiencia y una forma de vida», puede decir él. Pero, en realidad, para la inmensa mayoría no lo es. Para la inmensa mayoría es una música que, como las demás, se expresa como registro, como imagen. Sin embargo, lo peculiar de esta imagen del flamenco es que parte de su función es señalar su misma impotencia y proyectarla sobre sí para visibilizarse como sucedáneo de la vivencia.

Velázquez-Gaztelu lleva toda una vida en esto del flamenco, literalmente: «Yo me siento dentro del flamenco,

---

1   Publicado en *Babelia*, suplemento de *El País* el 1 de noviembre de 2021. La entradilla habría de rezar algo así: «Se cumplen los 50 años de la emisión en la 2 de RTVE de la serie *Rito y geografía del cante*, el documento más influyente de la historia del flamenco. Su ideador, José María Velázquez-Gaztelu, que lleva los últimos 37 años al cargo del programa de radio *Nuestro flamenco*, también acaba de publicar un libro de entrevistas, *De la noche a la mañana. Medio siglo en la voz de los flamencos* (Athenaica, 2021)».

yo no soy un espectador; en las reuniones privadas de cante era uno más, incluso asistía a las bodas, cosa que por aquel entonces no podían hacer los payos: lo prohibían los grandes patriarcas». Sus primeros recuerdos flamencos se remontan a los tres años, en la casa familiar de Arcos de la Frontera, anexa a la cárcel de la población: «Había una vieja costumbre cruel, degradante e injusta: los Viernes Santo, al paso del Nazareno por la cárcel, se habría un gran portalón y aparecía una gran reja detrás de la cual estaban los presos y cantaban saetas. Al que mejor las cantase —váyase usted a saber los criterios del jurado: alcalde, cura y teniente de la guardia civil— le daban libertad. Desde que con 3 años llegué a Arcos de la Frontera escuchaba cantar a esos presos durante las 24 horas, ensayando a lo largo de todo el año». Por otra parte, cada tarde Velázquez-Gaztelu veía llegar a los jornaleros, que puntualmente entraban en la taberna y cantaban fandangos haciéndose compás con los nudillos. «Fandangos de mostrador», les apodó. Desde entonces, «esos sonidos, esas formas expresivas, se me quedaron tan profundamente grabadas que constituyeron un enigma, que todavía no he solucionado». Y así, en busca de solución, comenzó a relacionarse con los entornos flamencos, con sus estirpes cantoras, que un papel tan central jugaron en el flamenco de esa época: los Peña, los Bacán, los Morao, los Mairena. También inició muy joven una carrera como periodista flamenco, por cierto, con una fallida entrevista a la Niña de los Peines que respondía una tarde tras otra, cuan esfinge de Tebas, de un modo no menos enigmático a las preguntas de un perplejo Velázquez-Gaztelu, que desconocía por entonces que esta sufría un alzhéimer avanzado.

Sin embargo, se puede decir que el 23 de octubre de 1971 se inaugura el momento en que la memoria de Velázquez-Gaztelu se convierte en un archivo público. Fue la fecha de emisión en la 2 de RTVE del primer episodio de *Rito y geografía del cante*. El primero del que acabarían siendo un centenar, emitidos con periodicidad casi semanal desde entonces hasta el 22 de octubre de 1973. No existe en género musical alguno una serie documental que recoja los testimonios e interpretaciones de un número tan vasto y variado de sus intérpretes. Es, de hecho, el documento que con más pregnancia y más insoslayablemente ha marcado la imagen del mundo y formas del flamenco desde entonces, por encima de cualquier otra fuente, sonora, escrita o visual.

Además de ideador y guionista de *Rito y geografía del cante* y *Rito y geografía del baile*, ha dirigido durante los últimos 35 años, también en RTVE, el programa *Nuestro flamenco*, que bien se podría considerar un archivo donde se encuentran los materiales para una historia del flamenco postfranquista. Este mismo 2021 ha salido al mercado un libro con 93 de las miles de entrevistas que el mismo Velázquez-Gaztelu ha realizado estos últimos 50 años: *De la noche a la mañana. Medio siglo en la voz de los flamencos.* Su obsesión por hacer archivo es insaciable.

## «Marío Gómez, Pedro Turbica y yo...»

Cada vez que José María Velázquez-Gaztelu habla de *Rito y geografía del cante* lo hace, invariablemente, comenzando con la siguiente puntualización: «Mario Gómez, Pedro Turbica y yo». Siempre los tres juntos. Sin embargo, mirando lo poco que se puede leer sobre Gómez y Turbica y Velázquez-Gaztelu, parece que los tres tenían puntos de vista contrapuestos del flamenco y que *Rito* fue un *entente cordiale* a la ahora de acordar la visión a representar. «No. En realidad, en *Rito* quien conocía el flamenco era yo. Conocí casualmente a Pedro Turbica a través de amigos. Pedro Turbica no sabía nada de flamenco. Y lo que supo después fue a través mía y de las personas que yo le presenté».

Sin embargo, puntualiza, fue de Turbica de quién surgió la iniciativa: «Un día, hablando de cine y hablando de flamenco, Pedro Turbica me dijo: 'Hombre, con tus conocimientos y tu experiencia desde pequeño, que has vivido todo, que conoces a todos, que conoces también el mundo del cine (fui muchos años ayudante de dirección de Ramón Masats), ¿por qué no hacemos algo de flamenco?'. Le dimos vueltas y empezamos a pensar en las posibilidades de presentar un proyecto. Pedro, que era fijo en televisión trabajando en producción y como ayudante de dirección, dijo: 'Conozco a un muchacho que se llama Mario Gómez y acaba de salir de la Escuela de Cine, al que a lo mejor le hace ilusión el proyecto'. Pero Mario Gómez tampoco tenía ni idea de flamenco... Nos reunimos y comenzamos a hacer el proyecto».

Nada, pues, de *entente* de ningún tipo, al menos con respecto a la idea general. Sin embargo, llegó el momento de dar un cuerpo económico a la idea: «Claro, a la hora de presentarlo en la 2 de RTVE, cuando pronunciábamos nombres como tía Anica la Piriñaca, la Perla de Cádiz, Terremoto de Jerez o tío Borrico las risas llegaban a los pasillos. Pero tuvimos la suerte de que en la 2 trabajaba por entonces en un puesto importante Romualdo Molina. Y cuando Molina vio el proyecto comenzó a pegar saltos. Llegó a convencer a todo el staff de RTVE y comenzamos a hacer los guiones».

Se ha naturalizado la visión que del flamenco ofrece *Rito y geografía*. Es fácil que, cuando se piensa en el lugar del flamenco, se siga considerando que el espectáculo teatral, musical, es el reflejo de lo que ocurre en otros lugares ajenos vedados a nuestra mirada. Y este efecto es, en una gran parte, por causa de esta serie. «Lo que yo quería conseguir en esas reuniones que hacíamos en *Rito* era reflejar lo que había vivido desde pequeño, esa energía que emanaba, y que ese arte, expresado de esa manera, produjera en el espectador el mismo efecto que producía en mí...» Y entonces hicimos propia la memoria de Velázquez-Gaztelu, incorporamos a nuestro imaginario experiencias que sólo conocemos por su testimonio.

¿Cuál era la clave política de su ideario? Se han hecho muchas lecturas, lecturas contrapuestas. Desde las que hablan de su carga subversiva, al representar escenarios y espectros de población marginales, o las que, muy al contrario, defiende que *Rito y geografía* era perfectamente compatible con el régimen franquista, funcionando casi como promoción turística de corte castizo y ahondando en el flamenco como un misterio inefable que ocurre al margen del ritmo trepidante de la ciudad. Así lo hizo William Washabaugh en sus primeros textos

(«Flamenco music and documentary», por ejemplo, de 1997). Velázquez-Gaztelu, buen amigo de «Bill», frunce un ceño al escucharlo. Y, efectivamente, en el último libro de Washabaugh sobre flamenco (*Flamenco Music and National Indentity in Spain*, Ashgate, 2012) esa visión está tan matizada que prácticamente ha desaparecido. Lo que sí aparecen son varias imágenes del autor con Velázquez-Gaztelu. Según declara el profesor de antropología americano, muchas de sus «vertiginosas confusiones» desaparecieron al conocer al arcense.

Aclaración de Velázquez-Gaztelu: «Bueno, posiblemente, el que escribe, aunque no escriba de política, está expresando algo. Jean-Luc Gordard decía aquello de que un "travelling es una cuestión moral" ...y política. La intención posiblemente no fuera expresamente política —*Rito* hubiera sido otra cosa— pero las personas que hacíamos eso luchábamos por la libertad, la democracia y éramos totalmente antifranquistas, y eso se refleja ahí.» De hecho, sigue aclarando, «sacábamos a tía Anica en el pequeño cuartito donde vivía, con una cómoda y una radio, porque era donde yo iba a visitarla de adolescente, o a Camarón caminando por la isla de San Fernando junto a unos niños malvestidos porque era eso lo que había. Pero no lo hacíamos pensando 'vamos a poner a estos niños así'. Ocurre que una de las intenciones de *Rito* es situar al personaje en su contexto y rodeado de su gente, su familia, o en el tabanco donde iba a tomar la copita o en el patio donde celebraban; las calles, la gente... Situar el contexto donde se movían. Eso es política también. No los situábamos en un decorado de ópera flamenca, con unas rejas y un pozo. En *Rito* no hay decorados. Por lo demás, ni las cabezas visibles de época, ni Fraga ni nadie, vieron en *Rito* ningún peligro.»

El reconocido precedente de *Rito y geografía* es el *Archivo del cante flamenco*, publicado por Vergara y dirigido por el recientemente desaparecido José Manuel Caballero Bonald. «En el año 1964 apareció por Sevilla —donde yo vivía— José Manuel, y me invitó a acompañarle. Él tenía esa misma idea de grabar el flamenco donde se producía: en los tabancos, en los cuartos, en los pueblos, en los barrios. Eso fue muy importante porque subrayaba o confirmaba mi "mirada". ¡Más que mirada, porque yo no me considero externo!».

## La puesta en escena de un recuerdo

Los esfuerzos por restaurar una edición fidedigna de *Rito y geografía* han sido ímprobos. La editorial Círculo Rojo llegó a un acuerdo con RTVE en 2005 para, con el asesoramiento directo de José María Velázquez-Gaztelu, remasterizar y, en algunos casos, restaurar el montaje original de la serie al completo. «No se pudo hacer entero porque la empresa que lo hizo quebró. Faltan unos veintinueve episodios. Y no quedan materiales sin editar. Todo lo que se grababa se aprovechó. Y no se repetían tomas. Por eso tiene *Rito* esa frescura». Frescura, claro, pero no espontaneidad. Una gran parte de los cantaores, si no la mayoría, que aparecen en la serie apenas sí eran profesionales o, si lo eran, se trataba de una profesionalización poco espectacularizada. En algunos casos, como en el de Caracol, «hombre acostumbrado a cantar en público» y hasta a actuar en el cine, la cosa era más sencilla. Pero, ¿qué pasaba cuando tocaba grabar a cantaores ajenos a estos medios, como la madre de Santiago Donday, María la Sabina? «Ella nunca había cantado en público. Había cantado en alguna fiesta familiar, pero nunca en público. Hablamos de una señora que nunca había visto una cámara y a la que de pronto le entran en su casa tres cámaras, una vía de travelling, no sé cuántos focos (porque ahora el video es más luminoso que el ojo humano, pero nosotros estábamos rodando en 16 mm., blanco y negro y se necesitaba mucha luz). Claro, esta señora veía entrar todo ese circo y se sentía desconcertada. Entrábamos, poníamos las luces, las cámaras, etc, con ella presente. Yo estaba con ella, hablábamos hasta que se acostumbraba a ese circo de aparatos y gente.

Al tiempo —podía ser ya de madrugada— salía de ella misma comenzar a cantar. Siempre esperábamos a que el artista mismo quisiera comenzar».

Hace unos años, el tocaor malagueño Ángel Luis Cañete, presente en los episodios sobre Málaga de *Rito*, comentaba que una cosa por la que todo funcionaba tan bien en *Rito* era porque se pagaba por adelantado... «Hombre, tratábamos de pagar bien. Aunque había muy poco dinero. Tanto es así que había muchos que de entrada no querían. Pero claro, como yo los conocía a todos, podíamos negociar: 'Perla, mira, si es que esto es lo que ha cobrado la Paquera, Terremoto o don Manuel Sordera'. El presupuesto era muy bajito».

Pese a ser «la época de Mairena» —su influencia es clara en *Rito*—, la serie intentó de todas maneras reflejar la envidiable diversidad de cante de la época. «Los que más cobraron fueron Manolo Caracol, Pepe Marchena y Antonio Mairena, que eran las tres grandes columnas del flamenco. Y los tres eran absolutamente distintos en su concepción del flamenco, en su forma de manifestarlo, en sus manera interpretativas y expresivas».

Viendo en perspectiva tanto *Rito*, como *Nuestro flamenco* o su último libro, *De la noche a la mañana*, en el que se recogen en sus 500 páginas 93 de los cientos de entrevistas que ha realizado en estos más de 50 años, parece como si Velázquez-Gaztelu busca enhebrar su memoria a través de la memoria de otros. «Sí, pero es mi propia memoria porque yo hago mío todo eso. Son mis vivencias. Pedro Peña, al que quiero mucho y con el que he vivido tantas reuniones junto a su madre, la Perrata, y su primo, Pedro Bacán, me dice: 'José María, tú eres el paño de la Verónica. Tu eres la historia del flamenco'.»

José María Velázquez-Gaztelu, muy consciente de ello, de que su experiencia se ha codificado inevitablemente como historia, con el peligro que ello conlleva, no es amigo de polémicas, procura dar voz en su memoria —que es su trabajo— a toda manifestación flamenca. Pero no por un siempre sospechoso dialogismo (él tiene sus preferencias) sino porque se hace cargo de su privilegiado lugar de testigo, parte y narrador.

# El género contra la Historia natural
## Sobre un libro de Juan Vergillos [1]

La *Nueva historia del flamenco* de Juan Vergillos no es ni nueva, ni una historia, ni de flamenco. Y no se trata de una mera decisión mercadotécnica para hacer más atractivo un libro cuyo título más ajustado podría ser, por ejemplo, algo así como *Compendio de morfología de algunos bailes preflamencos*, sino que el título tiene la pretensión de reflejar los posicionamientos fuertes del autor.

La idea motriz del texto, sencilla, es la siguiente: la danza española y el flamenco son la misma cosa; el flamenco es la última fase de este desarrollo continuo que proviene «de una tradición dancística hispana que se remonta al menos hasta el Renacimiento», llegando a encontrar sus raíces más profundas, según indica el autor, en la Grecia clásica (sic).[2]

---

1  Sin publicar hasta la fecha, pero escrito a mediados de 2021, al poco de salir al mercado en la editorial Almuzara el libro de Juan Vergillos, *Nueva historia del flamenco*.

2  «De esta manera creemos que damos un vuelco, no sólo a la historia del flamenco, sino también a la historia de la danza española que, todavía hoy, oficialmente [?] distingue en nuestro pasado dos tipos de danzas, la danza española y el flamenco, como géneros diferentes».

Más allá de que la caracterización del flamenco que tiene de base arrastra un buen número de tópicos y contradicciones, que su apelación a la historia y la sociología («Hasta ahora la historia del flamenco se estudiaba al margen de la sociedad en la que surgió») es meramente superficial (se limita a corroborar que el siglo XIX fue, en España, una época de construcción nacional) y que su marco intelectual adolece de consistencia (pasando de Aristóteles a Nietzsche, de Fernando Ortiz a Mircea Eliade, Malinowski y Benedeto Croce para extraer de ellos ideas superficiales que posteriormente no tienen efecto en el proceso de análisis), el gran problema del libro de Vergillos, de su teoría, es que no comprende qué significa un género.

La base del autor para defender que el flamenco es el nuevo nombre de una misma práctica que viene, cuanto menos, del Renacimiento español, es su evidente parecido. Su perspectiva es puramente formal —en el sentido lato del término— siquiera formalista, en tanto ni sigue la estela de Konrad Fiedler ni, desde luego, retoma la concepción kantiana de juicio estético. Ambos son marcos teóricos que, siendo acaso adecuados para un planteamiento como el de Vergillos, no se encuentran en el libro más que, acaso, muy herméticamente, a través de una radicalmente esotérica interpretación de las mismas, a caballo entre la teoría del arte y la autoayuda:

El flamenco es el arte más instintivo del panorama occidental, el menos intelectual, el menos conceptual, el que nos da de bruces con nuestra condición animal, mamífera, es decir, con nuestras emociones básicas, que es la vía mejor para reconciliarnos con nosotros mismos, para sanarnos, para vivir una vida plena [...] lo jondo conlleva siempre la promesa, cierta, de felicidad (p. 81).

Más que como un caso de vehículo de la belleza que ejemplifica la universalidad del juicio subjetivo (propia de la teoría estética kantiana), su idea del flamenco funciona más bien dentro del viejo (y tan indeseado como difícil de evitar) tópico del flamenco como arte auténtico, en el sentido que le da el Falla más racista al término:[1] un arte instintivo desde su ejecución a su recepción.

Junto a este instinto animal flamenco, el autor postula como factores que conforman el género una libertad individual (que de alguna manera, no explicada en el libro, contemporiza con el instinto)[2] y ese no menos problemático pero ubicuo comodín conceptual

.........................

1 En su texto «Claude Debussy y España» distingue, en términos casi pre-heideggerianos, entre la autenticidad del cantaor, irreflexiva, y «la verdad sin autenticidad» propia de los grandes compositores, como Debussy o él mismo.

2 «Las diferencias que apreciamos entre estos tipos de bailes [...] son de tipo personal, la impronta que cada intérprete da a su baile».

de «hibridación transcultural», un concepto inoperante que, en realidad, necesita ser explicado desde otras teorías más desarrolladas para ser funcional.[1] Y es que la hibridación, así concebida, funciona en el marco de la historia natural y no en el de la historia social, disciplina, esta, más adecuada para el estudio del flamenco.

Se trata, pues, de una 'historia natural' del flamenco que lo considera, haciendo uso de una conocida prosopopeya transida de populismo, un «organismo vivo» (p. 96). En este esquema, los intérpretes se posicionan instintivamente dentro de un proceso que provee unas estructuras que se conformaron orgánicamente hace siglos.

La ausencia de análisis sociológico, material, es total. El esquema de Vergillos se sitúa fuera de la historia social. Porque la construcción de un género se funda en una compleja tensión entre la relativa libertad del artista (que depende de su posición dentro del campo) y la fuerza, dirección e intereses del resto de los motores y mediadores sociales. Todo entra en juego, desde los factores más generales y determinantes (los productivos) hasta los matices psicológicos. No se trata sólo de hablar, en general, de los procesos de construcción nacional, como hace el autor, sino de describir cómo se

--------

[1] Porque, ¿cuáles son la razones para que unas culturas se 'hibriden' y otras no? ¿Qué es el ADN cultural? ¿No se trata más bien una baza dentro de una retórica de la legitimación nacional?

dan estos procesos, cómo se echan los pulsos por hacer esa construcción nacional de una u otra determinada manera, de entender, desmenuzándolos, los intereses de las diversas facciones de poder en pugna (porque, como recuerda Bourdieu, si no hay facciones en pugna el campo está muerto) por patrocinar, por favorecer, unas influencias y obviar, incluso dejar perecer, otras.

Aunque sólo desarrolla una pequeña parte, Vergillos reconoce (pp. 25-26) hasta ocho fuentes de influencia en el flamenco (oriental, italiana, francesa, americana, negra, gitana, judía y árabe). Sin embargo, lo que el libro no explica, ni puede explicar con ese marco teórico, es la razón por las que unas u otras fuentes ganan preponderancia o la pierden según el tiempo. No puede porque lo fía todo a la organicidad, a esa organicidad que es la que provee las formas en las que, exclusivamente, basa su análisis.

La traída y llevada hemiola (una mera figura rítmica que en demasiadas ocasiones se quiere situar como piedra roseta de la historia flamenca) no explica nada más que el parecido entre músicas, acaso su parentesco, pero nunca el género. El tango argentino y la habanera también hacen uso de la hemiola y no son flamenco. Para Faustino Núñez, el máximo defensor actual de la historia natural del flamenco, supone una evidencia de su raigambre hispana. Para Ana Belén Disandro, por ejemplo, la misma hemiola encontrada en el tango, es una evidencia de «una ascendecia afro».[1]

El género no es una cuestión formal. La jota no es flamenco, pero un análisis formal es incapaz de entender la razón. Tampoco el ska es reggae, ni un motete es un *lied* ni el blues es metal. Los parecidos existen, claro, pero no suceden como florece la rosa de Silesius, sin porqué, sino que los parecidos son abiertamente buscados o evitados, responden a un intrincando nudo de intereses, posiciones y posicionamientos.

Con su perseverancia por ver la continuidad, Vergillos ha perdido la capacidad de ver las evidentes rupturas, sus razones. Negar que los aires boleros son distintos al flamenco, como hace, es negar lo evidente. Entender que existe un proceso por el que ambos aires se diferenciaron es una cuestión que su aparato teórico no puede captar. Entre otras cosas, porque el libro de Vergillos únicamente se preocupa por el baile, y una de las cosas que hizo emanciparse al flamenco como género fue precisamente la lírica. El proceso de depuración

---

1 El mismo Núñez no puede concebir que la persistencia de ciertas figuras (y letras), como las de los cantes de ida y vuelta, pueda formar parte de una nebulosa política, que igual tiene que algo ver con la al parecer 'traumática' pérdida de los territorios de ultramar, de la que estos cantes funcionarían a modo de memento quasi ritual.

y criba de la lírica de tipo popular fue un ejercicio realizado con abierta voluntad política.

Cuando en 1881 Demófilo y compañía expusieron un corpus que ya se puede considerar sin ambages el corpus lírico central del flamenco no estaban reflejando una práctica, la estaban 'proponiendo'. Esto es así hasta el punto de que esas letras, que por lo demás no encontramos apenas en las grabaciones de los primeros cantaores, tardaron en ser asumidas por los mismos cantaores, 'persuadidos' por la promoción de estas élites patrocinadoras.

Y es que, en la legitimación del derecho por la tradición que defendía esa facción de la pequeña burguesía que estuvo en el trasfondo de la Revolución del 68 y en la construcción del institucionismo (la Escuela Histórica de Derecho, que tiene en el joven Joaquín Costa su figura más señera), las letras jugaban un papel legitimador en tanto tenían que mostrar el sustrato de la idea de sociedad que la ley habría de defender.

Pese a seguir siendo la fuente económica central en el desarrollo del flamenco, el baile pasó a un segundo plano en el proceso ideológico de constitución y legitimación como género.

Esto es sólo un ejemplo algo esbozado. Otra pregunta que no cabe hacerle al entramado teórico de este libro, por poner un segundo ejemplo, es cómo el flamenco acabó teniendo el ramillete de estilos tan heterogéneos que tiene y qué hacen dentro de un mismo 'estilo' (porque, para Vergillos, estilo y género son lo mismo) cosas tan formalmente dispares como los aires de Levante, las cantiñas, la seguiriya, la petenera... y se excluyen la jota o las manchegas, tan similares a las cantiñas en forma.

Quizá se pida demasiado al libro y no se trate de una «nueva teoría de la historia del flamenco», porque lo cierto es que el contenido desmiente el título palabra a palabra.

En primer lugar, su teoría no es nueva, sino síntesis de las de Luis Lavaur, Hernández-Jaramillo, Gerhard Steingress y Faustino Núñez, como el mismo autor reconoce («Así pues... —aunque no es tan nueva—», p. 24).

En segundo lugar, tampoco es 'del flamenco', en tanto, al finalizar su investigación en 1905, no recoge siquiera a la que él mismo considera la primera bailaora flamenca («La Argentina..., fue ella la verdadera creadora del ballet flamenco», p. 85), que en 1905 sumaba sólo 15 años. Ese periodo es estrictamente pre-flamenco, como el mismo Hernández-Jaramillo considera.

Y, por último, si se puede hablar de un libro de historia, es en el reducido sentido de situarse 'dentro de la historia' y considerar la cronología en un sentido general, pero no en el de tratar de entender las causas y los efectos de los asuntos humanos.

# II. CANTAORES

# De Angelillo a Miguel Poveda: 100 años de nacionalflamenquismo[1]

El término «nacionalflamenquismo» fue acuñado hacia 1975 —algunos dicen que por Paco Almazán, otros que por Julio Vélez— como término peyorativo para referirse a la *apropiación* del flamenco por parte de los sectores patriotas franquistas a través de figuras señeras de la copla aflamencada y el flamenco operístico. Se trata, sin embargo, de un fenómeno que surgió poco antes de la Segunda República, que tuvo a Angelillo como primera figura relevante y que llega a Miguel Poveda, pasando por todo el franquismo, en una línea de continuidad ideológica y musical continua y homogénea.

## De la unidad en la diversidad

El último disco de Miguel Poveda, *Diverso* (Universal, 2021), contiene los mismos elementos del nacional-

---

1  No publicado y sólo concluido para incluirlo en este libro, el texto fue concebido y esbozado a finales de noviembre de 2021.

flamenquismo que operaban en Angelillo, Juanito Valderrama, Juanita Reina, Rafael Farina, Lola Flores, Antonio Molina, Rocío Jurado, Manolo Escobar o Isabel Pantoja: un intérprete que conoce y domina el corpus flamenco, una amalgama de estilos musicales no muy dispar pero diversa que pivota en torno a lo considerado genuinamente español, una modulación vocal que toma los recursos y texturas del flamenco, uso de cadencias y giros también tópicos en el flamenco y una interpretación musical general que aplica a todos esos estilos un barniz general «aflamencado».

En definitiva, una especie de nacionalismo musical de síntesis enclavado en una ideología popular que gira, básicamente, en torno a la copla pero que puede tomar, en cada momento, prestadas formas de otros géneros (pasodoble, tonadilla, bolero, chachachá, mambo, rumba, salsa...) también llevados por una idea de síntesis patriótica, y con una diversa composición de españolismo o hispanismo según los vientos políticos de la época. Es un proyecto musical que no esconde su motivación y mimbre política, un nacionalismo similar al defendido por el pionero ideólogo fascista Ernesto Giménez Caballero (en oposición a la tesis de la «nacionalización débil» de España que Álvarez Junco concibiera ochenta años después).

El último disco de Miguel Poveda tiene la virtud de mostrar las cartas abiertamente. Dos temas funcionan en contrapunto estableciendo los límites del programa del disco. Uno de ellos, «Patria», compuesto por Rubén Blades, señala hacia el humus emocional del patriotismo, a las bondades morales de la patria (frente, imaginamos, a la perversión moral del apátrida o el internacionalista), bajo unos arreglos que están entre Baldes y Juan Luis Guerra. El otro, «Diverso», *single* del disco y trasunto del pop latino del último Alejandro Sanz, sin abandonar los acentos patrióticos, los ata a un cosmopolitismo, que aunque en cierta parte es residuo de la nostalgia de las colonias (como los mismos cantes de ida y vuelta) es, sobre todo, una condición estilística necesaria para abrirse paso en el amplio mercado latinoamericano en Estados Unidos en tanto representante de la faceta flamenca de la música latina.

*Diverso* es, seguramente, el disco con el que con más claridad hasta la fecha Miguel Poveda se ha reivindicado dentro de esta filiación. Es una defensa de la hispanidad, de la patria como sentimiento, de la unidad en la diversidad, del flamenco como un arte nacional y, sólo en tanto nacional, universal, en un claro posicionamiento político que, en su mismo esfuerzo por parecer natural, prepolítico, resulta más abiertamente ideológico.

El término 'nacionalflamenquismo' no resiste la constricción semántica en la que se quiso contener. En un primer momento, se intentó adscribir estrictamente al periodo franquista, como un constructo ideológico de sus intelectuales para hacer que el flamenco, amalgamado con el resto de géneros considerados españoles, sirviera como imagen de la nueva patria.

Sin embargo, el flamenco ya llevaba tiempo trabajando en ese campo. Desde Demófilo hasta Falla, pasando por Eugenio Noel y el resto, el flamenco ya era bandera nacional, y el flamenquismo su lado oscuro, su perversión moral. El problema no era, pues, la nacionalización del flamenco, sino la del flamenquismo, su vulgarización.

Marcar la linde es la disputa. El límite temporal no funciona si se aplica por mera autoridad: el nacionalflamenquismo no se puede mantener como la versión franquista del flamenquismo si el flamenquismo muestra la misma anatomía antes y después de este.

Sea por una cuestión formal (el surgimiento de estilos flamencos degenerados, su convivencia con estilos vulgares), sea por una cuestión política (su trabajo al servicio de un régimen determinado, el franquista), la denotación de la palabra rebasa la intención originaria de sus acuñadores.

Para los que piensan que se trató de una cuestión formal, el origen del problema del flamenquismo estaría en el surgimiento de la ópera flamenca, con un abuso de formas flamencas 'ligeras' como el fandango, la vidalita, la guajira o la milonga, respondiendo a criterios de mercado, de beneficio. De ser así, el problema viene de antes de 1939, ya que la ópera flamenca y sus inmediatos predecesores son, desde luego, muy anteriores, incluso a la II República.[1]

Para otros, la perversión flamenquista se detecta en su convivencia con la copla. De ser así, tampoco

1  Una cita extensa de Ángel Álvarez Caballero, ayuda mucho a contextualizar el problema: «No parece, pues, que el poder pusiera especial empeño en reprimir u obstaculizar el normal desarrollo del flamenco; de ser así, igual hubiera podido yugular su movimiento restaurador, a mediados de los cincuenta, y sin embargo las instituciones del régimen colaboraron frecuentemente a favor del mismo. Lo que ocurrió es que desde 1940 a 1955 el flamenco siguió dormitando en la herencia del operismo anterior, sin mayores inquietudes. Es cierto que un buen número de artistas se habían exiliado, pero no es menos cierto que buena parte de ellos volvieron a poco de terminada la guerra para convivir placenteramente con el poder establecido. No habían huido por convicción política; habían huido, pura y simplemente, para ponerse a salvo de los peligros bélicos. Algunos, ciertamente, se mantuvieron exiliados hasta que el régimen se agotó en España, e incluso hubo quienes murieron lejos de su lugar de nacencia. Pero fueron los menos.» («Del nacionalflamenquismo al renacimiento», *Cuadernos hispanoamericanos, Complementarios*, 9-10, 1992.)

el franquismo es el continente exclusivo ya que antes de que este apareciera esa convivencia era bien conocida.

Para otro tercer grupo, y siguiendo un argumentario afín al empirismo político de un Edmund Burke, la perversión no está en la connivencia con la copla, el fandango, los cantes de ida y vuelta u otros estilos considerados vulgares, sino en la falta de conocimiento/respeto de una tradición cuyo marchamo de validez es precisamente su misma pervivencia en la forma en que nos llega. Por tanto, tampoco para ellos el problema sería el franquismo.

Descartada la cuestión formal, nos queda, pues, la cuestión ideológica. Es ahí para intelectuales como los citados Paco Almazán o Julio Vélez donde se halla la cesura: más o menos voluntariamente, un grupo de artistas contribuyeron a cimentar con su cante el proyecto político que derrocó a la Segunda República. El listado de los artistas que entran dentro de este grupo es evidente para los que así piensan y, sin problema, lo hubieran alargado hasta Miguel Poveda, por su confesa filiación política. También sin problema excluirían de ese listado a todos aquellos a los que se les adjudica «valores republicanos», en una terminología históricamente falsa que iguala 'republicanismo' a 'izquierdismo', incluso, para mayor error, a 'revolucionarismo' (eximiendo así a Angelillo o a Juan Valderrama del estigma nacionalflamenquista).

El problema está en la imposibilidad meridiana de distinguir el programa estético de, pongamos, Angelillo, del de, digamos, Antonio Molina. Es decir, el programa de un emblema del republicanismo del programa de un emblema del franquismo. Mismas músicas, mismas letras, mismo mercado.

Pese al alza de toda una línea de investigaciones universitarias, realizadas por académicos incapacitados para entender las dinámicas y los papeles de las distintas familias del franquismo, que están destacando y reivindicando «la crítica soterrada al régimen» en prácticamente cualquier producto cultural franquista que señalara la existencia de injusticias sociales, la cultura franquista sigue estando, en general, mal vista.[1]

Lo contrario ocurre con la cultura de la Segunda República. El proceso de santificación al que esta ha sido sometida ha empantanado la bibliografía sobre el tema, complicando mucho los acercamientos históricos serios. El ejemplo de Angelillo es paradigmático.

......................

[1] Investigaciones que, por cierto, están llevando a blanquear desde el cine franquista de finales de los años cincuenta hasta instituciones vertebrales de la formación política fascista española como el SUT. A la postre, parece más el titánico esfuerzo de justificación de un diplomático que el sesgo de un investigador.

La información básica que se puede encontrar del cantaor en una primera criba funciona en esta citada línea de mitificación. Juan Pinilla, en el libreto de su disco *Voces que no callaron*, resume en un párrafo todos esos lugares comunes:

> Angelillo no tenía grandes problemas políticos pero había estado alineado con la estética cultural republicana, incluso formando parte de una comisión de representantes del arte del sindicato CNT, y había trabajado con Filmófono, empresa creada por Luis Buñuel como aparato propagandístico de la República (...) Su nombre había estado prohibido hasta en las proyecciones de las películas en las que había participado (...) su nombre llegaba a ser ocultado con una cinta adherente en los fotogramas publicitarios que se exhibían a la puerta de los cines.

La misma información la repiten sin citar fuentes Juan Vergillos, Almudena Grandes o Miguel Ángel Fernández Borrero (por citar los primeros ejemplos que saltan en la búsqueda). El problema surge, sencillamente, porque es una información falsa.

Un primer punto: nunca fue prohibido. Un vistazo a las hemerotecas digitales lo desmiente. Su nombre apareció durante la guerra en términos elogiosos no solamente en diarios como *Mundo Obrero* o *Solidaridad Obrera* (que lo hicieron), sino también en *ABC Sevilla*, *Informaciones* (periódico filonazi), *Falange* (de Canarias), *Libertad* (fundado por Onésimo Redondo) o *Imperio*. Tras la guerra, una vez creada la Cadena de Prensa del Movimiento en 1940, y pese a haber partido ya al exilio, siguió apareciendo en la prensa en su faceta de actor en periódicos como *El Adelanto*, *ABC*, *Pueblo*, *Ideal*, *Informaciones*, *Ya*, *Presente*, *La Nueva España*, *Fotos*... una vez más en términos elogiosos.[1]

Si bien es cierto que tampoco hemos encontrado la fuente de su colaboración con CNT y que sólo hemos dado con una para el ejército republicano,[2] las intervenciones en eventos similares pudieron, sin duda,

................

1   «El simpático Angelillo, embajador en América de las canciones de neto sabor español», «El simpático y popular Angelillo», «Angelillo, a través de un temperamento innato de artista creador, ha estilizado las melodías»

2   En un acto celebrado muy al comienzo de la guerra, el 10 de agosto de 1936 , en el cine Metropolitano a favor de las milicias populares del 5º Regimiento junto a muchos otros artistas que jamás se han asociado al republicanismo, e incluso llegaron a ser emblemas del franquismo, como Pastora Imperio o Pilar López. Por su parte, su colaboración con CNT no dejó rastro que hayamos podido encontrar en la prensa. Sí, en cambio, una colaboración de El Presi, un cantaor apadrinado suyo, en una noticia citada por Gamboa en *Una historia del flamenco*, y que acaso sea la fuente de error.

darse, del mismo modo que Manolo Caracol colaboró en un homenaje el 21 de septiembre de 1936 al General Mangada, trabajó en 1937 para una compañía dirigida por un miembro de la CNT, José María de Granada, o cantó en varias ocasiones durante 1938 en el Cine Durruti de Madrid. Y esto sin que nadie, ni por asomo, pueda asociar a Caracol con una ideología progresista. Era una cuestión laboral.

Con respecto a su trabajo para la productora Filmófono, es precisamente Filmófono la que ha sido idealizada. El hijo de Nicolás María de Urgoiti, su propietario, y el mismo Luis Buñuel, su principal responsable, no buscaban un 'paradigma fílmico republicano' (sic) sino una homologación del cine español con el mercado internacional. Es por ello que, siguiendo el ejemplo de otros cines, trataran de estilizar el costumbrismo (alejándolo del «perojismo») y añadieran nuevas técnicas, entre las que destaca, ante todo, la implementación del cine sonoro. El cine de canciones y las nuevas formas de rodar, con otra fotografía, otro ritmos, etc., respondieron a un dictado del mercado internacional no una demanda política.

La colaboración de Angelillo con Filmófono no le supuso a aquel losa alguna, como desde luego no se la supuso a Sáenz de Heredia, director también de la compañía y, tiempo después, reconocido como realizador de

*Raza*, la paradigmática película con guión de Francisco Franco. Muy al contrario, a Angelillo le supuso un nuevo ascenso de su carrera, al protagonizar para la productora *La hija de Juan Simón* y *¡Centinela, alerta!*, dos de las películas más exitosas de la historia del cine español. El éxito de las películas fue tal que siguieron exhibiéndose tras la guerra. El nombre de Angelillo jamás fue ocultado (como repite Pinilla sin fundamento) sino que incluso era destacado en letras mayúsculas, como de nuevo una búsqueda superficial de hemeroteca puede mostrar.

Siquiera en las canciones que se recuperan de Angelillo en las forzadas antologías de flamenco y republicanismo, como la citada de Pinilla o la de Manuel Cerrejón (*Cantes y cantos de la II República*), aparecen letras militantes por parte de Angelillo.

Angelillo fue, en sus años de mayor fama en España, un trabajador inserto en ese modelo de explotación desmedida que fue la ópera flamenca, idea apadrinada por Vedrines, empresario cuyo mayor compromiso fue con el beneficio a toda costa y que nunca dejó de anunciar sus espectáculos como una «representación del alma española», nódulo de la idea del nacionalflamenquismo. La bailaora y empresaria Pilar López, emblema por su parte del franquismo, continúo con la idea en sus ballets, si bien de un modo infinitamente más estilizado, pero con el mismo sustrato ideológico.

La cultura franquista fue, en muchos aspectos, continuación de la republicana. Bastaron diez años de «reconstrucción» para que el cine casticista se retomara tal cual,[1] la música se retomara tal cual e incluso el arte de vanguardia se retomara tal cual (piénsese en la eclosión a mediados de los cuarenta del grupo Dau al Set, con Brossa, Tàpies, Saura, Millares..., tolerada y hasta bienvenida por ciertos sectores del franquismo).

Lo que generó el impás fue una guerra que acabó con la economía. También con el movimiento obrero y la lucha de clases. Pero esto último no supuso ni supone un problema para el republicanismo ni para sus defensores.

Angelillo volvió a España. Antonio Molina le había sustituido. El tiempo de Molina también pasó y también fue olvidado. Llegaron otros, que también pasaron. Ahora le toca a Miguel Poveda. En su música, en su figura, se encarna la historia del patriotismo musical español, de Angelillo a Manolo Escobar, del republicanismo pequeñoburgués al franquismo. Y es una historia continua, sin fisuras.

......................
1   Incluso con el costumbrismo menos burdo, como se ejemplifica con la versión de 1957 de *La hija de Juan Simón* protagonizada por Antonio Molina, si se compara con la previa de Angelillo.

## ENRIQUE MORENTE DE PUERTAS PARA DENTRO

En torno a Rocío Márquez y Arcángel [1]

«El flamenco tiene una puerta que sólo se abre desde dentro», se quejaba Antonio Arias, de Lagartija Nick, y continuaba: «Morente abrió esa puerta». Efectivamente, Morente la abrió. Pero da la sensación de que, al margen de Morente y, de veras, muy pocas excepciones, los pocos que han querido salir lo han hecho sólo para dar un paseo y tomar el aire antes de volver a casa. Morente, en cambio, salía sin hora. Bien es verdad que podía volver cuando lo necesitaba o le venía en gana: dentro le conocían. No hay que olvidar que gran parte de su trabajo lo dedicó a roturar vastos terrenos del flamenco, entonces abandonados por mercado y especialistas. Ese y no otro fue el trabajo que realizó en su *Homenaje*

---

1  Publicado en el diario *El País* el 5 de diciembre de 2020. La entradilla rezaba lo siguiente: «Rocío Márquez y Arcángel recordaron esta semana en la Suma Flamenca de Madrid el trabajo "de puertas para adentro" de Morente, su impronta en los cantes flamencos. Recordaron al rockero, como él decía, metido a cantaor».

*a Don Antonio Chacón*, de 1977. Y es que Chacón, por entonces, era poco menos que una némesis («cantor» se le llamaba con hiel, como «cantante» llamaba, sin ella, Camarón a Morente) y era más permisible alabar una canción pop flamenca que una cartagenera.

Pero con su *Chacón*, defendemos, Morente no oponía un nuevo paradigma a la tradición gitano-andaluza dominante. Siempre supo evitar los falsos antagonismos. De los muchos homenajes que se hicieron en 2017 a Chuck Berry, a nadie se le escuchó decir que la «tradición» de Berry era frente a la de, por ejemplo, Bill Haley, más pura ni bobada similar. En el rock, esa búsqueda de tensión —tan característica del fascismo— entre la tradición y la vanguardia es (si la hay) residual: sencillamente se dispone y se hace uso de lo que hay. El pasado no es una «tradición» sino un complejo arsenal. Y recordemos que desde las últimas grabaciones de Chacón al homenaje de Morente habían pasado 49 años, pero que ya han pasado 65 desde el «Maybellene» de Chuck Berry: la cosa no se justifica, tampoco, por una más que impostada raíz milenaria. Morente hizo un homenaje a un recién fallecido del que unos renegaron y que otros sepultaron. Hizo un disco con la música de unos de sus ídolos, al que consideraba mal tratado, y haciéndolo volvió a complicar un mapa cantor en exceso simplificado.

Anoche, Arcángel, en cambio, decidió simplificar. Tomó de Morente lo más amable —comenzó con unos tangos cantados *ad libitum* que llevó a una serie larga de fandangos; luego, más tangos, seguiriyas con su cabal, soleares, la canción «Aurora de Nueva York», cantiñas, otros tangos... y unas bulerías, como bis, acabadas con el «Aqueos los golpes» del *Omega*, pero con final amaestrado— y lo tomó tal cual, cantado todo sin apenas variación, con el respeto de un reproductor de alta fidelidad. De no ser por un impresionante Dani de Morón, que sí que utilizó en todo momento la música de Morente para ponerla en lugares inéditos, la cosa se hubiera parecido demasiado a un popurrí de grandes éxitos. Dani de Morón fue el único que asumió el riesgo de habitar el campo que Morente, como decíamos, roturó.

La estructura musical de Rocío Márquez está asentada en el jardín de Pepe Marchena, como ella misma reconoce: su obsesión por el control vocal, sus largos jipíos, su voluntad melismática, incluso su dicción, mímesis de la de Marchena. Lo interesante es que también hereda del marchenero la libertad melódica con la que este acometía los cantes. Lo que este miércoles se vio es cómo ese jardín se trufaba de injertos morentianos. Fue un recital ciertamente enciclopédico (en este sentido, lo opuesto a Arcángel) en el que se escucharon guajiras, serrana, cantes abandolados, cantes de levante, tangos, un poema recitado al modo de Marchena, peteneras, cuplé por bulerías, el «Chiquilín de Bachín» del *Sueña la Alhambra*, caracoles, seguiriyas, más bulerías y unos fandangos como bis. Aunque la intención de Márquez no fuera esa, igual por prurito profesional, el recital pareció un juego de agudeza que consistía en identificar, de entre la multitud de cantes de diversas procedencias que se escucharon, las letras, los aires y los cantes de Morente barajados, alterados, insinuados, insertados en lugares imprevistos... Si el flamenco se ha quedado, desde la irrupción de Antonio Mairena, casi en un juego de citas y los aficionados en aquellos que lo saben resolver, Rocío Márquez añadió más complejidad a ese juego que, aunque muy de este tiempo, en algún momento tendrá que caer por su propio peso (incluso Morente prácticamente dejó de jugar a él en sus discos posteriores al *Omega*: ya había tributado lo suficiente).

«Morente era nuestro Mercurio», dice también Antonio Arias. Efectivamente, cuando uno escuchaba la descripción que hacía Arias de él en las sustanciosas jornadas flamencas realizadas recientemente en el Instituto Fray Bartolomé de las Casas, de Morón de la Frontera, Morente se antojaba el geniecillo maligno de la cartesiana pesadilla de Kant: que apaga las luces y cambia de lugar los objetos cotidianos, dejando a los que están en la habitación sin los puntos de referencia a los que por hábito se agarran. Pero Morente ya no está, y aunque haya dejado tras de sí una cerradura reventada y «la puerta entorná», parece que la puerta sigue cumpliendo su función, al menos a la hora de salir (distinto es a la de entrar, donde los músicos se agolpan). Hay demasiado capital en juego en el campo flamenco para que un nuevo *Omega* irrumpa con legitimidad y los flamencócratas (palabra que a buen seguro le hubiera gustado a Mercurio) sientan que, de nuevo, pierden el control.

# La distancia entre el Niño de Elche y una misa[1]

La mayor parte de la vanguardia casó y casa muy bien con la religión. El cine de Val del Omar es un ejemplo de ello: su claro objetivo es el apuntalamiento de, concretamente, la religión católica. Todos sus dispositivos técnicos, así como el relato y montaje de su cine, se ponen a su servicio. La religión necesita misterio, mística, un sustrato irracional y pasional que se resista a ser explicado, que sobrepase al hombre; en última instancia, la generación de miedo al servicio del poder teológico. El «desbordamiento apanorámico», la «diafonía» o la «visión táctil» no son otra cosa que técnicas de vocación totalitaria, es decir, que buscan borrar sus propios límites, que dificultan al espectador situarse en

1 Publicado en *Babelia*, suplemento de *El País*, el 30 de enero de 2021. La entradilla rezaba: «Francisco Contreras, Niño de Elche, ha publicado recientemente en Sony su último trabajo discográfico, *La distancia entre el barro y la electrónica. Siete diferencias valdelomarianas*; como su nombre indica, una lectura en clave sonora del trabajo del cineasta granadino José Val del Omar».

un marco exterior desde el que tratar de entender crítica, racionalmente. Val del Omar es explícito cuando las aúna bajo el término «mecamística». Por otra parte, sus personajes son siempre figuras de la pureza: el niño, el gitano, el hombre llano, Dios... Sus emplazamientos —la naturaleza o, en todo caso, las ubicaciones rurales— bastiones de esa pureza. Desaparece la sociedad, con sus conflictos e intereses; sus luchas. Esa invisibilización *es* su apuesta política. El cine de Val del Omar es un rezo. Por supuesto, se trata de un cineasta abiertamente reaccionario, un nacionalcatólico veterotestamentario; lo que no le quita interés pero que conviene tener siempre presente.

El Niño de Elche pudo haber tomado de Val del Omar su trabajo técnico, purgado —con mucho esfuerzo— de ideología, pero prefirió no hacerlo; prefirió tomarlo al completo. Así que grabó una misa. Tiró del repertorio de jondo (esa idealización del flamenco con fines patrióticos) y la encabalgó en unas bases electrónicas que funcionan a lo largo de todo el disco como colchón coral eclesiástico, trufándolo de recursos sacados del arte sonoro vocal de vocación más primitivista.

La cara A del primer disco —se trata de un set de dos vinilos— es una versión del «Génesis». El disco comienza por la creación del tiempo mismo (simbolizada, sin complicaciones, por un reloj despertador). Después aparecen «el agua, el fuego, el hombre», y el hombre comienza a hablar: primeros los fonemas, luego, sin solución de continuidad, el canto religioso: la saeta carcelera. «La transparencia, Dios, la transparencia», se repite en bucle tras el cante. La otra cara del primer disco es una valdelomariana pieza de 'música concreta' titulada «Diluvio electrónico», a la que sigue una malagueña, que Francisco Contreras ejecuta entre gárgaras, recurso que ya utilizara Renato Carosone en sus apariciones televisivas, y finalizada con una especie de banda sonora antiestrés de corte neofranciscano, compuesta de sonidos de agua, pájaros y voces sencillas, titulada «Bailan sin saber por qué». La cara A del segundo disco desarrolla unas largas «Seguiriyas atonales sin fin». La pieza consiste en la presentación del compás de seguiriya, compás que después es sustituido por un «cluster» (es decir, un acorde de más se seis notas) ejecutado como colchón sonoro por un sintetizador que va modulando su altura tonal en función de la ejecución del Niño de Elche de una letra de seguiriyas cantada en un *ad libitum* radical, casi silábicamente. En la cara B del segundo disco, «Hundimiento vertical», también sobre una base continua de órgano, pero con una tonalidad más definida, Contreras canta el poema de Rosalía de Castro, «Negra sombra», popularizado por Luz Casal pero emblemático dentro del folclorismo gallego (guiño a la película inconclusa de Val del Omar sobre Galicia). Tras ello, tiene lugar la lectura de una larga carta a una amada (cuyo autor ni destinataria hemos identificado) a la que el de Elche hace un contrapunto en canon cromático descendente. Acabada la carta, el disco concluye con otra especie de monodia religiosa medieval de sintetizador. El tono explícito y buscado del disco es el de una larga misa preconciliar, de las que intentan asustar.

Todo artista se debe beneficiar de la autonomía relativa del campo artístico con respecto al político, en esa distancia se juega su baza. Así lo hizo el Niño de Elche en su anterior proyecto con Los Planetas, *Fuerza nueva*, en el que la explícita cita a la derecha nacionalcatólica de Blas Piñar es una forma de *épater le bourgeois* bastante adolescente. En este nuevo trabajo, en cambio, no hay distancia irónica, hay comunidad de eso que se conoce como «espiritual».

Val del Omar colaboró con Falange, poniendo en práctica los efectos religiosos de su técnica diafónica en un multitudinario mitin en Valencia. El Niño de Elche, por suerte, no lo considera ni anécdota ni contradicción («contradicción, según como lo veamos», dice en una entrevista). Sin embargo, justifica que la afinidad de Val del Omar con Falange, como la de los futuristas con Mussolini, va «más allá de la política». Se basa en la supuesta afinidad del fascismo con la experimentación sonora en general. La nómina de vanguardistas que abrazaron el fascismo y el misticismo fue tremenda, y no porque los fascistas fueran los mejores mecenas de artistas sonoros, sino porque el propio hacer de gran parte de la vanguardia era afín ideológicamente a estos. Ramiro Ledesma (un falangista, como tantos, de izquierda) defendía el cine, por su «valor de mito», como una «religión de motores». Y añadía que el sacerdote «ayer, dominaba a las divinidades» pero hoy, «domina a los motores». Es decir, es una especie de *mecánico del mito*.

José Antonio Primo de Rivera se defendía de las acusaciones de comunista, que generalmente le lanzaban, diciendo que dos eran las cosas que le oponían antagónicamente al comunismo: su rechazo al materialismo y al internacionalismo y, por tanto, su adopción del idealismo y el patriotismo. El antifascismo —el revolucionario— ha tenido como rasgo distintivo la huida del pensamiento mágico, de la creencia y la superstición. Su forma de proceder es el pensamiento crítico: la negación de la religión. Parece mentira que sea tan necesario hoy día recordarlo.

# Val del Omar, anticapitalista
## Réplica a un profesor posmoderno[1]

.................
1   Publicado en *Revista penúltiMa*, el 15 de abril de 2021, su editor,
    Antonio Jiménez Morato, además de tener la gentileza de publi-
    carlo, añadió la siguiente nota explicativa:

    «Hace unas semanas, en el suplemento cultural *Babelia* de *El
    País*, Carlos García Simón publicaba una crítica sobre el disco
    más reciente de El Niño de Elche, que pivota en torno a la obra
    y figura de José Val del Omar. Tras la publicación de la misma,
    Lluis Alexandre Casanovas Blanco, comisario de la instalación
    de El Niño de Elche en el Museo Reina Sofía respondió en un
    artículo publicado dentro de la sección Tribuna. En la redacción
    de *El País*, de modo bastante comprensible, decidieron no con-
    tinuar con el toma y daca de respuestas, pero en penúltiMa nos
    ha parecido que sí que era necesario dar espacio a la réplica de
    Carlos García Simón por tres motivos:

    1) Porque hay que alentar el debate intelectual expuesto con espa-
       cio y buenas formas frente al contexto de aceleradas opiniones
       en tuits carentes de la densidad y espacio para que se desarrolle
       un pensamiento complejo.
    2) Porque entendemos que en el diario de Miguel Yuste han
       obviado una regla de oro del periodismo y de la ética en su
       más amplio sentido, ya que tanto en la información relativa
       al autor del artículo de respuesta como en el cuerpo del mis-
       mo, Casanovas Blanco también obvia explicitarlo, no se dice
       nada acerca del interés personal del mismo en la figura de Val
       del Omar y su participación interesada en una exposición en
       torno a su figura, pagada con dineros públicos, y que, por lo
       tanto, puede ser objeto de cuestionamiento desde ciertas po-

José Val del Omar fue un innegable ejemplo de lucha contra la hegemonía del liberalismo. Lo muestra con bastante claridad Lluis Alexandre Casanovas Blanco en su artículo del *Babelia* del 30 de marzo de 2021 (réplica a otro de quien esto suscribe y del que el presente se quiere considerar respuesta). Val del Omar, pues, anticapitalista. Ahora bien, hay muchas formas de serlo. Y muchas posiciones teóricas desde las que defenderlo. Una de ellas es el socialismo. Otra es el fascismo. Una ter-

---

siciones si no se aclara la supuesta «imparcialidad» ideológica del cineasta. Responder a una valoración crítica sin aclarar el interés profesional que se esconde tras la defensa del artista aludido es un gesto más que cuestionable.

3) Porque nos preocupa, al hilo de la respuesta de Casanovas Blanco, que interesados en la promoción de la obra de determinados autores realicen un ejercicio de lainentralguismo al blanquear aspectos de la biografía de los artistas por los que puedan tener interés o, como es el caso, directamente se beneficien en su carrera profesional. En su mismo artículo deja claro el comisario Casanovas Blanco que hay agujeros biográficos inquietantes y llega a hablar de «esquizofrenia» ideológica. Está claro que el entorno académico sigue agarrando el rábano por las hojas para no enfrentarse a la realidad, y eso es muy molesto y, digámoslo claro, una tergiversación. La importancia de la obra de un artista va más allá de su biografía, dejen de silenciar los aspectos cuestionables de las mismas, por favor, por respeto intelectual, si no se lo tienen a sí mismos téngalo con los demás al menos.

Hasta aquí la introducción al texto, comienza aquí la réplica de Carlos García Simón.

cera, el catolicismo. Las tres son posiciones ideológicas que plantan batalla al liberalismo y a la economía política que lo sustenta, el capitalismo. Puede que choque considerar que las dos últimas sean ideologías anticapitalistas (¡incluso lo de considerar al cristianismo una ideología política que sigue moviendo ficha en el tablero de juego!), pero léase el mismo discurso de fundación de Falange (el genuino fascismo español) pronunciado por José Antonio Primo de Rivera en 1933 u ojéense las encíclicas de cualquiera de los últimos veinte papas: con toda claridad se trata de posiciones firmemente anticapitalistas. Y no es de extrañar: la preocupación de cristianos y fascistas por las injusticias, las desigualdades, la avaricia o la deshumanización de la vida son claras líneas vertebrales de su ideario.

Sin embargo, no menos claras que las posiciones de ambos contra el capitalismo eran sus posiciones contra el socialismo. Por supuesto, cuando hablamos de socialismo no nos referimos a la ahora llamada socialdemocracia, sino a aquellas posiciones que defendían los intereses de la clase trabajadora, del recién nacido proletariado; es decir, básica, aunque no exclusivamente, el Partido Comunista y la AIT. Así, la Iglesia demonizó a la AIT desde el primer momento, aborreció el marxismo o, tiempo después, consideró las revoluciones rusa o alemana una reencarnación del anticristo. Por su parte, el fascismo surgió como reacción explícitamente directa al poder que tomaba el movimiento obrero organizado dentro del proletariado.

Socialismo, fascismo y cristianismo, pues, como las tres fundamentales posiciones anticapitalistas. Fascismo y cristianismo, a su vez, como dos de las tres fundamentales posiciones antisocialistas (a las que habría que sumar la socialdemocracia...). ¿Cómo es eso? Los fascistas reconocían en la clase trabajadora la fuerza más legítima de su tiempo, pero consideraban que, engañados primero por el liberalismo y luego por el socialismo, sin una tutela firme dictada desde una jerarquía apuntalada en los valores de la tradición, la necesaria revolución social se iba a ver abocada al caos. Primo de Rivera Jr. enumera en el citado discurso de fundación la interpretación materialista de la vida y la lucha de clases como los principales engaños socialistas; sin embargo, poco antes, acepta que, en su origen, el socialismo fue una «reacción legítima contra aquella esclavitud liberal».

\* \* \*

Emancipación era la palabra que todos ellos utilizaban para referirse a la liberación de la esclavitud que perpetuaba el falso contrato social liberal. Sin embargo, aunque la palabra era la misma, los conceptos no. Y es que, para el socialismo, el problema del capitalismo no tenía que ver —al contrario que para la Iglesia y los fascistas— con una quiebra de valores, con una deshumanización o pérdida de una unidad espiritual de los pueblos. Para nada. Para los socialistas organizados en el movimiento obrero internacional el problema principal era la explotación, que es una estricta categoría económica que penetra y ordena a la sociedad toda. No era un problema moral, era material, no se trataba de restañar una unidad espiritual perdida ni de construir una nueva, se trataba, sencilla y llanamente, de apoyo mutuo entre un grupo de personas que sufrían las salvajes consecuencias de un modelo económico.

La emancipación para cristianos y fascistas, sin embargo, era más una cuestión de mística, es decir, de «experiencia de la vida», por resumirlo en palabras de Raimón Pannikar, y el mito su mecanismo restañador: la revolución social tenía que traer consigo una *religatio*, un ligar de nuevo las voluntades del pueblo, corrompidas por el liberalismo. Y eso no se logra operando a través de argumentos o lógicas materialistas, que para ambos eran parte del problema y no de la solución. La emancipación entendida desde el punto de vista fascista y cristiano (aquí, como en muchas otras cosas, coincidentes) se opera en la psique, en el alma, lo que, volviendo al mundo del cine valdelomariano, se traduciría en el directo «diálogo con la psicología del espectador», según la caracterización que del 'sonido diafónico' hace Casanovas. Sin embargo, Casanovas maneja una peculiar idea de diálogo que nada tiene que ver con la razón dialógica de Habermas o el dialogismo de Bajtin (que ya de por sí son prácticas sospechosas de final amañado). Porque lo que Val del Omar entendería por diálogo es una especie de esotérica 'estimulación subconsciente hacia la luz' (vid. infra), que más bien recuerda a un ejercicio de inducción bajo los efectos de la burudanga de turno.

Sin embargo, Val del Omar no maneja siquiera la categoría de diálogo. Él quiere hacer valer su sonido diafónico como herramienta para la construcción de la típica tensión fascista entre tradición y futuro, como deja claro en el siguiente texto, en el que, por cierto, también reivindica una variante propia de la ideología de la sangre y la tierra. Leamos al mismo Val del Omar:

> Mediante el sonido diafónico, la criatura, espectadora de la televisión o del cinema, queda situada en la confluencia de dos vertientes, de dos manantiales que alimentan al día de su vida. Un manantial es el pasado, con sus ecos y reflejos, con las voces de la sangre que riegan su mente y mueven su corazón. Otro manantial es el futuro, que con su imantación y misterio, le

induce y atrae. Esta situación se materializa situando al espectador entre dos fuentes sonoras: Una, la actual, frontal, focal y brillante, documento acústico de la realidad que la imagen le presenta; y otra, difusa, en arco inconcreto, a su espalda. Por este segundo canal, operando en la sombra, en la subconsciencia, podemos estimular a la criatura a la reacción frente a las circunstancias que luminosamente le cercan.

Cualquier individualidad le parece a Val del Omar opuesta al pensamiento crítico, como bien señala Casanovas. Sólo la conexión con el pasado, con los muertos, con la tradición, permite lo que Casanovas llama la crítica pero que, visto el marco, más se parece a una heideggeriana autenticidad... Lo opuesto por completo a la crítica (T.W. Adorno dedicó un libro completo a explicarlo).

\* \* \*

Es normal que desde las ideologías posmodernas se vea a un místico como maestro en la lucha política. De hecho, el más explícito y desprejuiciado de los teóricos posmodernos, Ernesto Laclau, no en balde consideraba que el Maestro Eckhart es de los autores que más tiene que aportar al debate teórico actual. Desde luego, para Laclau, mucho más que Marx, al que ya daba por muerto en sus textos de finales de los setenta, en los que proponía sustituir la lucha de clases por un populismo de corte peronista.

Ninguna sorpresa, pues el rechazo a la lucha de clases es ya generalizado, incluso entre muchos a los que se señala como marxistas (y que no suelen ser otra cosa que estalinistas con estudios). Pero conviene también recordar que la lucha de clases fue la que engendró la Comuna de París, la AIT, la Revolución rusa, la alemana (con Rosa Luxemburgo y los espartaquistas a la cabeza) o, tiempo después, la Revolución asturiana y los años gloriosos de la CNT y el POUM, que, por supuesto, todo izquierdista posmoderno tiene constantemente en la boca como jalones de su propia historia (una historia que se mostraría sospechosa sin esas apropiaciones) pero que están en profundo antagonismo con las ideas de un místico nacionalcatólico que anda haciendo cuentas con las «matemáticas de Dios» y que trata a las personas de «criaturas». Por cierto, nacionalcatólico, no por sus anecdóticos cuarenta años de colaboración con la oficialidad franquista, en los que llegó a representar al régimen ante la UNESCO en 1955, como bien señala Casanovas, sino cabalmente nacionalcatólico desde su colaboración con las Misiones Pedagógicas de la Institución Libre de Enseñanza que, no olvidemos, son trasunto del krausismo, es decir, de una síntesis idealista (o sea, orgánica) entre cristianismo ('misiones') y secularización ('pedagógicas') ajustada a los intereses nacionales de la pequeña burguesía. Porque la Institución Libre de Enseñanza no era, para nada, lo opuesto a la democracia orgánica franquista (que tuvo, cabe recordar, como principal puntal a la 'clase media', que no es otra cosa que el ahormado de la pequeña burguesía a los tiempos modernos), pero sí lo completamente opuesto a la autoemancipación de la clase trabajadora que propugnaba el movimiento obrero, para el que las misas laicas o los rituales poéticos eran tonterías de niños bien.

# Israel Fernández: salir de la fiesta para volver[1]

El cante de Israel Fernández (Corral de Almaguer, Toledo, 1989) es heredero de dos perfiles a priori antagónicos de cantaor. El primero se remonta a mediados de los años sesenta, cuando se dio un gran paso adelante en la profesionalización del flamenco con la generalización de festivales veraniegos, tablaos y peñas. Aunque los cantaores siguieron funcionando como jornaleros —salvo en el tablao Zambra, donde por primera vez unos músicos flamencos fueron asalariados—, su dependencia de algo tan caprichoso económicamente como las fiestas privadas se redujo drásticamente. Como contraparte, los cantaores tuvieron que incorporar a su repertorio un abanico más amplio de cantes, que habían de sumar al «sota-caballo-rey» del territorio al

---

1  Publicado el *El País* el 9 de diciembre de 2020. La entradilla rezaba: «Con la guitarra de Diego del Morao y la percusión del Piraña, Israel Fernández mostró anoche en el Teatro Fernán Gómez de Madrid (dentro del festival MEM) la imagen de un cantaor que el mercado venía necesitando»

que simbólicamente representaran. Es así, como se ve en sus discos de época, que aquellos que querían optar a este tipo de dignificación laboral incorporaban cantes supuestamente «ajenos»: un jerezano por tangos extremeños, un gaditano por peteneras... se generalizaron granaínas, malagueñas, tientos, tarantos o fandangos naturales. Se tuvieron que hacer cantaores «largos» para responder a las demandas de aquellos que gestionaban esos nuevos escenarios, para los que la «afición» era complemento o (en el mejor de los casos) sustituto de la «pureza».

Fernández y Morao han realizado hoy, reproduciendo su reciente disco, *Amor* (Universal, 2020), un repertorio típico de esos tiempos: malagueña, bulería por soleá (en el disco «Soleá del cariño»), tientos seguidos de tangos, aires de Levante (el «Bella murciana» del disco), seguiriyas y bulerías; con fandangos y un segundo ramillete de bulerías como bises.

Y fue en estos tres últimos cantes donde se vio ese segundo perfil que, conviviendo con el de aficionado, le hace peculiar: el que proviene del vórtice que fue Camarón de la Isla como creador de bulerías. Es evidente que Fernández le tiene como referente general, pero es que Camarón, como demuestran su primera buena media docena de discos, tuvo que mostrase «aficionado» para entrar en el circuito. Pero es partiendo del Camarón «buleaero» del que Fernández toma su segundo perfil: yendo hacia atrás a buscar los cuplés de Pastora Pavón o Manuel Vallejo (de cuyo timbre, por cierto, tiene un claro eco) y hacia delante, como nuevo eslabón de una cadena en la que están Potito, Juan Antonio Salazar, Marsellés o Vareta, que, tras la estela del de San Fernando, han hecho de la bulería un campo de creación que casi parece haberse autonomizado del mismo flamenco. Son cantaores de infinidad de cantes pero «cortos» de palos y que, por ello, apenas se ven en festivales, que «vuelven» a la fiesta de la que los otros lograron salir, pero ya dependiendo supuestamente menos del mal vino del señorito y con los montos presuntamente apalabrados. La «afición» no es allí requisito, sino la creatividad (entre otros códigos, claro).

Israel Fernández, con unas dotes impresionantes, capaz de fijar toda la tensión de un tercio en un detalle («pellizcar», le llaman los flamencos a eso) y de modificar el metro y la melodía de los cantes según lo va considerando, se mueve en ambos campos cantores con mucha solvencia. Diego del Morao, un tocaor ya desterritorializado, sofisticado a la vez que capaz de recordar a su tío abuelo, Manuel Morao, en un radicalmente seco alzapúa por tientos, también. Por eso no se entiende la necesidad de que, tanto en su presencia mediática como en su producción audiovisual, se transmita ese «racismo elegante» del que habla González Alcantud, que tan bien se adhiere al multiculturalismo. Tampoco que su disco, *Amor*, tenga una pátina pop que en el directo desaparece sin echarse en falta. Cebos mercadotécnicos ambos que el respetable trabajo estrictamente musical de Diego del Morao e Israel Fernández no necesitan.

# DAVID LAGOS O EL CANTE COMO SAMPLER[1]

Existe un desprecio general por la improvisación libre y la música indeterminada. El tópico, que se repite incluso en la educación musical superior, es que se trata de una música de impostores, que cualquiera puede ejecutar. Salvo en el circuito cerrado en que esas músicas se mueven, la falta de atención a las obras de un Morton Feldman, un Anthony Braxton o un La Monte Young, por citar tres ejemplos bien reconocidos, es total. Quizá a un John Cage, en tanto cabeza de cartel simbólica de esas experimentaciones (que, por cierto, en Cage, ni de lejos, se resumen ni tienen en Cage cota alguna) y gracias acaso a su parte bufa, se le preste algo más de atención. Por supuesto, en el campo flamenco, la ausencia de una reflexión seria sobre estas músicas es total, y cuando sus formas aparecen, Cage mediante, se trata de meros gestos snob. Es por ello que una

1  Publicado en *El País* el 13 de diciembre de 2020. La entradilla rezaba: «El cantaor David Lagos presentó anoche en la Suma Flamenca de Madrid su disco *Hodierno*, en el que expone su cante a la música electrónica y la improvisación libre».

propuesta como la que ha realizado David Lagos, con ánimo de largo aliento, es absolutamente bienvenida. Su disco, *Hodierno* (2019), que anoche se presentó en la *Suma Flamenca* junto a la guitarra de su hermano Alfredo, el saxo de Juan Jiménez (apoyado en *delays*) y la electrónica en vivo de Daniel Muñoz, es un intento, bajo clave morentiana, de que el flamenco se haga eco de esas músicas, si bien para nada hodiernas sino, más bien, con medio siglo de historia: Lagos propone un acercamiento del flamenco a la música electrónica, una consideración del cante como sampler sobre el que trabajar con herramientas ajenas al campo flamenco y una voluntad de que a ese campo flamenco lo hagan temblar ciertos recursos heredados de la libre improvisación.

Pero se trata de algo muy difícil. Y quizá aquí podemos ver cómo pesa ese desdén del que hablábamos. Anthony Braxton lleva más de doscientos discos publicados desde que comenzara su carrera, en 1968, en los que explora el terreno (no sólo) de la improvisación con la minuciosidad de un cirujano. Las obras de Feldman y Young son de las más ricas de la segunda parte de siglo en lo que a reflexión sobre la estructura se trata. Y la lista podría seguir. No se puede pedir que las cosas cuadren a la primera, ni se trata de disparar (como recordaba recientemente Rocío Márquez, con razón) a todo el que se mueva del sitio. Pero acaso sí cabe señalar la historia de estas cuestiones como modo de pedir paciencia.

Para empezar, la historia de la relación entre el flamenco y la música electrónica tiene ya su tiempo. *Luna nueva* de Remedios Amaya (1983) y *Tango, tango gitano*, de Ritmo tres (1985) se consideran dos de los primeros jalones relevantes; seguramente se puedan encontrar anteriores de tirar del hilo del productor Isidro Muñoz, y desde luego proliferan desde entonces, siempre desde un punto de vista rítmico, «bailable».

La del cante como sampler que se inserta en un contexto «extraño» tiene una historia anterior, pero menos prolija en jalones. Tiene un comienzo: la colaboración de Enrique Morente en el tema «Prisioneros» del disco de Gualberto de 1975, *A la vida, al dolor*, en la que el cante se inserta casi como una fantasmagoría en una canción de rock ácido californiano. Sin embargo, si englobamos el flamenco en las llamadas músicas vernáculas, el género conocido como músicas del mundo es una fuente inagotable de ejemplos. En ellas, el fragmento vernáculo de turno aparece tal cual, como si de una cita respetuosa se tratara, sin la destructiva elaboración a la que los dj's someten los fragmentos que después secuencian (lo que responde a una turbia ideología, claro).

La historia, en cambio, de la relación entre improvisación libre (o estructurada) y flamenco es, que sepamos, nula.

Como sea, la propuesta de David Lagos no fue, anoche, la de arrojar su cante a la intemperie electrónica ni a las arremetidas de la improvisación libre. Parte importante de la propuesta tuvo el corte ortodoxo de recital de cante y toque. Incluso, cuando saxo y electrónica entraban en juego, muchas veces lo hacían para subrayar el cante. Pero a veces no. Así ocurrió al comienzo, cuando bajo un compás electrónico ternario y con unas duraciones perfectamente determinadas, Lagos cantó el «Romance de la monja» (conocido por la versión del Negro del Puerto) y, seguidamente, el poema de Luis Rius que cantara Morente en su «Yo, poeta decadente». Sobre el saxo de Jiménez cayó el peso del juego de improvisación (como, por lo demás, el resto de noche) Tras ello, Lagos, sin acompañamiento, realizó una versión del «Pregón de los caramelos» de Macandé apenas reconocible más que por ciertas inflexiones. Apareció la guitarra de Alfredo y David cantó la caña con unos abandolados. Una malagueña de la Trini sin solución de continuidad y vuelta al arropamiento electrónico para acometer la malagueña de Chacón. Lagos muy ortodoxo en su cante mientras la cosa iba hacia cierto clímax con aire de *Omega*. Guitarra sola por granadinas; comienzo de una tanda de soleares y solea por bulerías con apoyo del saxo. Seguimos sin otra presencia electrónica que el *delay* del saxo, que recuerda a la parte más oscura de los Morphine. Después, un *beat* a compás de alegrías sobre el que Lagos hace diversos estilos. Una seguiriya con la impronta también del *Omega*, referente y límite general del recital. Para acabar, unas marianas con guitarra y voz, y unos tangos sobre los que, con cierto bienvenido riesgo, Muñoz trató de superponer un patrón rítmico desplazado.

Repetimos que es bienvenida una propuesta como la de Lagos. El trabajo por hacer es enorme y, aunque hoy trató de nadar y guardar la ropa, tiempo al tiempo.

# De la Tomasa: Torres con Pies de Plomo[1]

El flamenco es un lugar privilegiado desde el que pensar ciertas cuestiones espinosas. Las estirpes son una de ellas. Imaginemos una lista en la que se incluyan los siguientes nombres: Rosón, Queipo de Llano, Maura, March y Torre. Todas son estirpes, pero la última es cantora mientras que las primeras provienen del entorno económico-político. Por supuesto que el flamenco, por importante que sea, no juega ni en las mismas lides ni con tanto de por medio; además, en las estirpes flamencas se prima la pureza de sangre mientras que en las otras, como bien analizó Benedict Anderson, la mezcla de «linajes» es más deseable para alcanzar los mismos fines de reproducción del poder. Sin embargo, el funcionamiento más modesto de las estirpes cantoras

---

1  Publicado en *El País* el 19 de diciembre de 2020. La entradilla rezaba: «Anoche, y dentro de la Suma Flamenca de Madrid, la familia De la Tomasa presentó su espectáculo *Genes*, en el que se muestra el cante de las últimas tres generaciones de profesionales de esta estirpe cantora».

dentro del campo del flamenco nos permite componer esquemas útiles afuera.

Los Torre son una de las familias más señaladas de la historia del flamenco; nada menos que los descendientes de Manuel Torre (1880-1933), cantaor cuya voz fue la excusa para que Lorca pudiera acuñar el concepto de «sonidos negros» (esto es: las articulaciones sonoras no filtradas por el sentido racional ni la disciplina consciente sino por el dictado primitivo de la raza). Anoche se presentó en el Centro Cultural Paco Rabal de Vallecas (Madrid) un espectáculo llamado *Genes*, en el que las últimas tres generaciones de profesionales de esta estirpe mostraban el estado de forma de sus cantes. Se hicieron acompañar por las guitarras del veterano maestro Manolo Franco y de Joni Jiménez, tocaor de la escuela de Aquilino Jiménez «El Entri». Abrieron los tres juntos con una soleá por bulerías y cantando por orden de edad (Manuel de la Tomasa, 1999; Gabriel de la Tomasa, 1980; y José de la Tomasa, 1951) para después pasar a pequeñas actuaciones en solitario, que comenzó Gabriel, acompañado de Jiménez, cantando el «Romance de la monja» —*ad libitum*, como es costumbre— seguido de lo que Antonio Mairena popularizó como «romances» (con melodías similares a los romances portuenses pero aire de bulerías por soleá), acabando su parte con una malagueña rematada con varios cantes abandolados. Posteriormente, el pequeño, Manuel, hizo soleá, fandangos y bulerías, también con la guitarra de Jiménez. Finalizó esta parte intermedia el padre y abuelo de los anteriores, José, acompañado por la guitarra de Franco, con tarantos, unas excepcionales alegrías, un breve fandango dedicado a Morente y unas seguiriyas. El recital acabó con una ronda de tonás de los tres, sin acompañamiento ni microfonía, en la que, de nuevo, José de la Tomasa demostró estar, seguramente, en el mejor momento de toda su carrera, así como ser uno de los cantaores con más conocimiento de la estructura interna de los palos, a los que, por tanto, sabe pellizcar a placer «sin necesidad de gritar», como el mismo puntualizó anoche.

Por lo general, las estirpes flamencas funcionan como lugar de poder y plataforma de promoción de la familia, amparándose en la transmisión de la legitimidad por vía genética (en esto no se diferencian de las estirpes de los poderosos). Los cantes, en el caso flamenco, funcionan como seña de identidad de cada clan («el himno nacional de la familia», llamó anoche José de la Tomasa a la seguiriya). De esa manera, por ejemplo, en el cante del último de los Torre en llegar al profesionalismo, Manuel, se encuentra el eco de los cantes de su quasi mítico ancestro; pero, ciertamente, en ninguno de los tres trasparece ese eco, al menos no prima. ¿Por?

La madre de José, conocida como la «Tomasa» (Tomasa Soto Díaz, 1926-2013) y cantaora tan portentosa que era capaz de cerrar una ronda de tonás precedida por Antonio Núñez «Chocolate» y Manuel de los Santos «Agujetas» arrancando los vítores de sus compañeros, casó con un tal Manuel Giorgio Gutiérrez (1924-2013), barquero del Guadalquivir. Ese casamiento con un «payo» (así se les llama todavía) dentro de esa estirpe reconocida por la pureza gitana fue un verdadero hito de refundación. Gutiérrez, apodado «Pies de Plomo» por el padre de la «Tomasa», resultó ser un cantaor tan dotado que podía hacer llorar a la mismísima Bernarda de Utrera haciendo los cantes por seguiriyas de Manuel Torre. Impresionante por soleares, larguísimo por fandangos y bulerías y con un conocimiento tal que la propia Tomasa le delegaba las cuestiones de *nomenclatura* flamenca. «Pies de Plomo» fue el agujero que hizo que tanto su hijo José como, a través de este, el resto de los profesionales de la familia, incorporaran, por ejemplo, el cante de Manuel Vallejo por bulerías o tarantos o los fandangos personales de muchos operistas; cosas estas muy mal vistas por los seguidores de la ortodoxia gitanista. La impronta de «Pies de Plomo» obligó a una estirpe que bien podría haber vivido de las señas de identidad a estudiar sesudamente, abriéndose al trabajo con todo el abanico de cantes y cantaores existentes, no sólo los gitanos.

Si la transmisión genética consiste en esperar en el coche a tu nieto tras un recital con el motor en marcha y Juanito Mojama sonando a todo volumen, sea; si es cualquier otra cosa, se parece más a esa funesta costumbre de que el poder social sea un hecho hereditario. Los De la Tomasa son del primer tipo. Manuel Giorgio Gutiérrez y la Tomasa Soto fueron los que lo posibilitaron.

# APOLOGÍA DE DIEGO CLAVEL, CANTAOR[1]

El arte no lo da la tierra. De hecho, la tierra no da, siquiera, tomates o patatas. El arte, como los tomates y
patatas, es producto del trabajo. Esto, que parece una
cosa evidente, resulta anatema para los que siguen
manejando la jerga de la autenticidad: el cantaor no
medita lo que hace, actúa por inmediatez, la cultura
«la lleva en la sangre» (Lorca dixit). Ideología de la
sangre y la tierra, al cabo. Y, de hecho, uno empieza
a sospechar que sí que opera cuando se observa la especie de automatismo con que los actores del campo
flamenco hacen las cosas, pasando, sin solución de
continuidad, de un repertorio de sota-caballo-rey al

---

1  Publicado en el suplemento *Babelia* de *El País* el 30 de abril de
   2021. La entradilla rezaba: «El sello Cambayá acaba de publicar
   uno de los discos más importantes —si no el que más— de los
   últimos tiempos en el mundo flamenco, *Antología de cantes*, de
   Diego Clavel acompañado de las guitarras de Antonio Carrión,
   Paco Cortés, Manolo Franco y Fernando Rodríguez. Una obra
   en 10 cd's que se erige como la compilación más enciclopédica
   de malagueñas, fandangos, solares, cantes de levante y seguiriyas
   realizada hasta la fecha».

pop de turno. Pocas son las excepciones. Una, y muy destacada, es la que ha mostrado Diego Clavel los últimos treinta años, desde que publicara en 1991 su LP, *31 malagueñas*.

Clavel es, sin duda, uno de los cantaores más injustamente valorados del flamenco contemporáneo. Fue Pedro Lópeh tanto el que recientemente volvió a señalar la importancia de su figura en uno de los hilos de su *Ramo de coplas y cantares* (Akal, 2019) como el que no cejara en animar a Diego Clavel a reeditar sus discos antológicos, iniciativa que el meritorio sello Cambayá, que ha dado cobertura incondicional al cante de Clavel desde principios de los noventa, quería emprender y que el Ayuntamiento de la Puebla de Cazalla y su incansable concejal de cultura, Miguel Ángel Rivero, apoyó una vez se puso en marcha.

Clavel comenzó a darse a conocer de la mano de Francisco Moreno Galván como integrante de la triada morisca que formaba junto a José Menese y Miguel Vargas. Pronto se distanció de su mentor —centrado en la carrera de Menese— y, durante otros cinco años pasó a cantar letras de Caballero Bonald. Finalmente, en 1981, se 'emancipó' discográficamente, pasando a cantar sus propias letras y desarrollando la que ha resultado ser una de las más consistentes e interesantes carreras del mundo flamenco.

Varias son las razones por las que puede que su figura no tenga la relevancia que debiera. Una de ellas fue, seguramente, que, al contrario que Menese, no quisiera participar de la vida del centro cultural flamenco de los setenta que era Madrid: una especie de línea curricular no suficiente pero sí necesaria para figurar en el mapa. Pero, seguramente, la razón más principal de su invisibilidad sea que la idea del flamenco que defiende Clavel desborda los márgenes ideológicos de las propuestas que acaudalaban todo el capital simbólico de la época. Desbordaba el mairenismo al prestar igual atención a la Bética (Sevilla y Cádiz, por precisar) que a otras regiones cantoras como Huelva o Málaga, ajenas al canon gitano-andaluz que fijara Antonio Mairena, o, incluso, dentro de la misma Sevilla, a palos que causan el pánico de los jondistas (tanto ortodoxos como heterodoxos), como las sevillanas. También, quizá, al lidiar con temas que tan mal casan con ciertos lugares comunes vacíos del progresismo flamenco, como la Navidad o el toreo. Otro cantaor más que no encaja en el lecho industrial del Procrusto de la cultura.

Sin embargo, su obra discográfica es de las pocas obras relevantes del flamenco, para el que el disco, como pensaba Chaquetón, se limita a ser un registro del estado de la voz. El conocimiento enciclopédico de Clavel es de tal calado que se equipara al de un Mairena o un Marchena, con la salvedad de que ninguno de los dos últimos ha grabado con tal minuciosidad la diversidad de cantes que conocían. Tampoco ninguna de las antologías clásicas alcanza tal rigor en los palos que Clavel encara. Ni la de Caballero Bonald, ni la Perico el del Lunar, ni tan siquiera la de Blas Vega, son tan 'largas' en malagueñas, fandangos, solares, sevillanas, cantes de levante y seguiriyas, como la de Clavel. Porque Clavel, como sí que se toma en serio el flamenco, es un disciplinado estudioso: su trabajo es el producto de horas y horas de pelea con los cantes, de análisis de sus morfologías, sus matices, de horas de memorización, es decir, de interiorización, en tanto que memorizar es 'aprender de corazón'.

Por lo demás, frente a lo que a veces se ha podido escuchar en ciertas críticas, es un cantaor cálido, profundamente melódico, que sabe dónde está el 'momento adecuado', pero con potencia, de la que hace uso cuando resulta conveniente. No canta con la garganta, porque eso es chillar. Escúchese cualquiera de las malagueñas o fandangos de la *Antología*, o su petenera del anterior disco, *A mis hermanos* (Cambayá, 2014), para comprobar lo rico de sus melismas; escúchese cualquiera de sus seguiriyas para comprobar su conocimiento de la lítote y la medida. En los últimos años se ha prodigado escasamente en directo, pero, quien haya podido verlo, sabrá que su voz no tiene trampa y su eco, muy similar al de José Menese, es pregnante.

Aunque sea prácticamente una compilación de los trabajos anteriores, la *Antología de cantes* añade nada menos que seis malagueñas no incluidas en la primera edición, convirtiendo lo que ya era de suyo enciclopédico en un verdadero jalón inigualado ni por escrito (gracias, hay que señalar, al asesoramiento de José Luque Navajas, incontestable autoridad en este campo). Es una pena que no se haya incluido su trabajo con las sevillanas (lo que, por otra parte, serían quince cantes más... a sumar a los 10 cd's) pero, sobre todo, es una pena que Diego Clavel haya decidido dar por clausurada su carrera discográfica y que no se prodigue más en directo. Son pocos, muy pocos, los cantaores necesarios, y Clavel es uno de ellos.

## LAS NUEVAS Y VIEJAS INDUSTRIAS CULTURALES SEGÚN ISRAEL FERNÁNDEZ[1]

Por alguna razón, Israel Fernández parece verse espejeado en la Niña de los Peines. Ya le dedicó un disco, *Universo Pastora* (Univesal, 2018). Ahora, junto a la guitarra de Diego del Morao, estrena en la presente edición de la Suma Flamenca de Madrid un espectáculo que, bajo el título de *Ópera flamenca*, y caminando sobre estas mismas veredas, presenta su visión del engranaje cultural bajo el que tuvo que desarrollarse profesionalmente Pastora Pavón: la ópera flamenca. La ópera flamenca no era otra cosa que un espectáculo de varietés que, teniendo el flamenco en el centro, podía incluir desde copla y jazz a monólogos de humor, números de magia o combates de boxeo. Es decir, un espectáculo con vocación de entretenimiento para un público muy amplio donde

...............

1   Publicado en el diario *El País* el 21 de octubre de 2021. La entradilla rezaba: «Israel Fernández, acompañado con la guitarra de Diego del Morao, estrenó este miércoles en la Suma Flamenca su espectáculo *Ópera flamenca*, un repaso por las músicas flamencas en tiempos de Marchena, Valderrama o la Niña de los Peines».

igual el cantaor no siempre tenía un público dispuesto a escuchar una seguiriya de media hora (aunque a veces sí) y en el que, las más de las veces, tocaba aliviar los cantes más pesados con otros más melódicos y rítmicos.

Israel Fernández se encuentra, de alguna manera, en la misma tesitura en la que pudo encontrarse Pastora: se ha convertido en una máquina que genera cada vez más dinero y de la que depende cada vez más gente, es decir, en la tesitura de tener que llegar a un pacto entre su indagación en el flamenco y un tipo de producto que pueda mantener los números a salvo. Y parece que, por ahora, no está claudicando, como tampoco lo hizo la Niña de los Peines aunque, desde luego, su firmeza no tiene un coste tan alto como tuvo para Pastora.

Anoche Diego de Morao, su acompañante, mostró un nivel de conocimiento práctico de la historia del toque que no sabemos cuántos poseen hoy por hoy. Israel Fernández, con una riqueza melódica y poderosas facultades vocales, fue capaz de ejecutar una variedad de cantes poco habitual con bastante solvencia general, brillando en algunos de ellos sobremanera. También se atrevió a acompañarse al piano en dos ocasiones.

Abrió el recital con unos fandangos naturales, una de las más características y explotadas formas del flamenco previo a la guerra (fandangos de autor, se llamaron). Siguió con unas soleares, que acaso le cogieron un poco frío, y unos aires de Levante que, sobre todo en su segundo tercio, recordaban a Valderrama (un consumado especialista en ellos). Después, Morao abandonó la escena y Fernández se sentó al piano. Su toque es rudimentario pero efectivo. No se jacta de pianista, pero sabe sacar lo que quiere del instrumento. Interpretó unas coplas con un compás *ad libitum*, seguramente tras un referente que se nos escapa ahora. Le siguieron unas seguiriyas rematadas con el cambio de Curro Dulce en las que Morao siguió la escuela de Javier Molina —tan querida por su padre, Moraito Chico—, unas malagueñas y unas guajiras en las que, de nuevo, brilló el toque, con unas falsetas inauditas, sin referentes previos. Volvió Fernández al piano para interpretar unas nanas; tras ellas, vinieron unos cuplés por bulerías con el compás del Pirulo y Marcos Carpio. El recital finalizó con otra tanda de fandangos naturales rematados con una famosa copla del Jeros. Como premio a la sonora y larga ovación, una tanda de bulerías con apuntes de baile.

Una historiografía del flamenco apenas ya operativa establece para el flamenco una doble genealogía. La primera tendría como origen a Tomás el Nitri y, sublimándose con Manuel Torre, lleva hasta Antonio Mairena. Es el populismo flamenco reivindicado por los jondistas y lorquistas, el de los sonidos negros, la autenticidad y esas cosas. La segunda se iniciaría en Silverio Franconetti y, pasando por la figura de Antonio Chacón, tendría su apoteosis en Pepe Marchena. Se trataría del brazo flamenco de la cultura de masas en la que «las masas no son la medida, sino la ideología», al decir de T.W. Adorno. Evidentemente, la división fue y es insostenible. Anécdotas como la de que fuera Pepe Marchena quien pagara el funeral de Manuel Torre o que Chacón fallara como juez en el Concurso de Cante Jondo organizado por Falla y promocionado por Lorca no sólo son de por sí suficientes para forzar a repensar la oposición, sino que señalan algo que se puede comprobar en un estudio más general: que las prácticas musicales de la ideología jondista eran inviables —y que, de hecho, se hubieran perdido— sin una industria cultural que permitiera la profesionalización de los músicos. Pero industria cultural es un término peyorativo que señala a todas aquellas mediaciones que neutralizan la potencia emancipadora de las creaciones artísticas mediante mecanismos que responden a criterios de rentabilidad. No es nada exotérico, sino muy pegado al día a día: las altas demandas de productividad, la minimización del coste de producción, la necesidad de llegar a sectores más amplios, el miedo a generar susceptibilidad en el público/cliente... Todo ello es fácilmente perceptible y funciona igual para los libros de Samuel Beckett que para una *boy band* japonesa.

Manuel Torre, Tomás Pavón, el Gloria, la Moreno, Rita la cantaora, la Niña de los Peines, todos ellos, en mayor o menor medida y con mayor o menor resistencia, tuvieron que ahormarse a una organización que les daba la oportunidad de trabajar su cante, de dedicarle su vida a la vez que vivir de él. Gente como la Niña de los Peines o, para sorpresa de muchos, Manuel Torre, fueron capaces de obtener una buena posición en la negociación y pudieron realizar un trabajo serio a la vez que alimentaban el mismo engranaje que a otros, como al mismo hermano de Pastora, Tomás, ahogó. La historia de la ópera flamenca como forma de industria cultural es una historia trágica: es la condición de posibilidad de algo a la vez que su mecanismo de destrucción. Y es trágica porque es inevitable, y hasta deseable, comparada con lo que supondría una nostálgica y, por tanto, siempre reaccionaria vuelta al antiguo orden, al mecenazgo privado o estatal (forma no menos asfixiante que el mercado) o a que el mundo artístico sea patrimonio exclusivo de los hijos de las familias adineradas.

La ópera flamenca fue una trituradora para muchos. Para otros supuso la claudicación de todo denuedo y, para unos pocos, la oportunidad de elaborar un trabajo con intensidad a la par que ser escuchado masivamente en una época en la que, como dice González Climent,

Pepe Marchena urbanizó el cante. Israel Fernández puede que fuera uno de esos.

En todo caso, su visión de la ópera flamenca es afirmativa. Obvia la existencia de la trituradora y presenta, esenciados, sus frutos que, claro, están inigualados en la breve historia de esta música. Seguro que la intención del cantaor no era hacer una revisión sociológica, y hasta quizá sea casual, o puramente de melómano, su desmedido interés por esta época que tanto se asemeja en ciertas coyunturas al mundo musical que a él le ha tocado vivir. Quizá. Pero quizá no.

# GABARRE Y JUAÑARES, O LAS GRIETAS DE LA OPERACIÓN MADRID[1]

Es difícil encontrar un madrileño en Madrid. Los datos de su ayuntamiento dicen que sólo la mitad de sus pobladores actuales son nacidos aquí. Y, teniendo en cuenta que en 1984 la ciudad ya tenía, según las mismas fuentes, más inmigrantes e hijos de inmigrantes que autóctonos, es posible que el madrileño de casta sea ya sólo una idea. Montoyita, Ángel Gabarre y Juañares, que anoche ofrecieron un magistral recital de flamenco en el Centro Cultural Pilar Miró de Vallecas, son ejemplos de madrileños medios. Los dos primeros nacieron en Madrid; el tercero lleva allí más de 30 años. En los tres casos, la parte fundamental de su formación profesional ha tenido lugar en Madrid. No son excepción: fue en Madrid donde el flamenco se conformó

---

1  Publicado, con variaciones no autorizadas, en el diario *El País* el 30 de octubre de 2021. Escrito al pie del recital de Ángel Gabarre y Juañares del 29 de octubre de 2021 en el Centro Cultural Pilar Miró de Vallecas como parte de la programación de la Suma Flamenca de Madrid.

como género o, lo que es lo mismo, donde un grupo de músicos, mediante un contacto regular, intercambios y noches de pánico escénico compartido, tratando de ganarse la vida en la ciudad donde , hace ya algo más de un siglo, había más posibilidades para ello, destilaron, a partir de las músicas existentes en aquel momento, un conjunto de formas que alcanzaron una relativa autonomía. Madrid era donde los cantaores se podían hacer largos, donde un sevillano escuchaba a un malagueño, un jerezano a un levantino e incluso un jerezano a otro. Madrid fue, sigue siendo, la capital de la escucha. Y Gabarre, Juañares y Montoyita son producto refinado de ese Madrid.

Pocas son las guitarras que, como la de Montoyita, sean capaces de acompañar al cante con tanto matiz, tan ajustadamente y sin eclipsar a la vez que enriqueciéndolo harmónicamente de una manera tan inusitada. Cuando se le escucha, se entiende lo mucho que la música de Enrique Morente, a quién acompañó a lo largo de su carrera, está en deuda con su guitarra. Ángel Gabarre fue otro de esos fieles escuderos madrileños de Morente. Ya no sólo como palmero, sino compartiendo cante, rondas de tonás, ramilletes de bulerías... y sin quedarse atrás. Morente, bajo cuyo ascendente pivotó la velada, tenía el talento y la generosidad para acercarse a músicos que le enriquecían sin miedo a que le pudieran hacer sombra y sin mirar si tenían pedigrí bético o gitano. Poco le importaba. La música estaba por encima.

El tercero de la noche, Juañares, nacido, como tantos madrileños, en Jerez y ligado a sus principales familias cantoras, se ha desarrollado como profesional en el netamente madrileño ambiente de los tablaos, lugares muy devaluados —con razón— pero fundamentales en la construcción formal, difusión y, sobre todo, dignificación laboral del flamenco, espacios por los que pasaron todas los grandes figuras de los setenta y ochenta y en los que, todavía hoy, muy de cuando en cuando, se encuentran maestros como Gabarre o Juañares (cuyo vínculo viene, precisamente, de haber compartido en ellos muchas noches). Sin las innumerables horas de prueba-error, de tanteo, que permitía la cotidianidad de un tablao, el flamenco no sería como lo conocemos. Fue el heredero del café cantante, con sus horrores y bondades.

Una mesa con cuatro sillas, dos focos de luz cenital y un acorde de sintetizador en pedal con la voz grabada de Enrique Morente repitiendo un 'ohm' a compás de seguiriyas, rememorando el inicio de *Omega*. Comienza una ronda de tonás. Primero Juañares, luego Gabarre (esquema que se repitió en todo el recital, en el que ambos se alternaron los tercios escrupulosamente).

Dos tercios alternos de martinetes y un cierre al alimón que también recordaba aquellos collages de cante antiguo superpuesto de «Omega». Siguieron unos aires de bulería por soleá en los que encabalgaron unas bamberas y unas soleares del Zurraque. Luego malagueñas (de Chacón, la Peñaranda, el Maestro Ojana y de nuevo Chacón) rematadas con unos abandolaos a los que Montoyita aportó un aire sincopado como de samba, para desesperación de Popo, encargado anoche de la percusión. Cantiñas recordando, entre otros, algunos estilos que popularizara la Niña de los Peines. Unas bulerías de Cádiz, inconclusas al romperse una cuerda de la sonanta de Montoyita. Los cantaores no quisieron esperar: arrancaron un ramillete de bulerías jerezanas al compás en las que, liberados de la altura de la guitarra, pudieron ajustar el tono a conveniencia en cada tercio, luciendo como hasta entonces no habían hecho. Solo de Montoyita: la rondeña de Ramón Montoya. Turno para los tarantos, rematados por tangos. Durante todo el recital, Gabarre entra cuando quiere a los tercios, a veces espera la vuelta, a veces casi hilado con Juañares. Su dominio del tiempo es magistral. Se retira Popo y llegan unas seguiriyas: tres tercios jerezanos, uno trianero y de nuevo un final en paralelo. Acaba el recital con unas soleares con estilos de Alcalá.

Son tres maestros. Su conocimiento de letras ya no tiene parangón («¡hacemos más letras que Lorca!», espetó Juañares), su saber a la hora de decir el cante, el control de los tempos, el compás, escasamente ya si lo tiene. Tras tantas noches, no siempre la voz sale con la misma frescura, pero eso no merma lo denso de sus ejecuciones.

El Madrid de estos tres es el Madrid de Morente, Menese y Camarón, de Sordera, la Perla y Bambino; de Matrona, Romero, Bernardo y Chaqueta. Un Madrid que saca a la luz las grietas de eso que Vázquez Montalbán llamaba en los setenta la Operación Madrid, acometida por el franquismo para borrar el «Madrid, capital de la resistencia». Era la construcción de la España centralista, del Madrid que es España dentro de España, o sea, del Madrid de la democracia orgánica, un Madrid castizo... un Madrid idealizado, construido desde arriba y de espaldas al Madrid existente, que no era el Madrid del emprendimiento sino el de la última oportunidad; tampoco es el de los chulapos (en Madrid el folclore resbala) ni el de «Camarón de la Castellana, el Beni de Pozuelo o la Paquera del Barrio de Salamanca», sino el de Camarón de Orcasitas, el Beni de Villaverde o la Paquera de San Cristóbal de los Ángeles.

Efectivamente, la Operación Madrid ha sido en gran parte un éxito, pero tanto gracias a los herederos directos del proyecto, sus gobernantes, como, por ceñirnos al caso del flamenco, a los que lo dan maquiavélicamente por bueno: un andalucismo ya ni siquiera guiado por el fisiocratismo antimarxista de un Blas Infante o un SOC, sino promovido por Cruzcampo, la empresa que hasta 1991 fuera de los Osborne, ejemplo platónico del señorito andaluz.

Menos mal que hay gabarres, montoyitas y juañares que, de cuando en cuando, muestran las grietas de la Operación Madrid mostrando que la tierra ofende al trabajo.

# CANELAS Y PAÑEROS EN BUSCA DE LOS SONIDOS NEGROS[1]

Es difícil mantener una reputación. También en el flamenco. Manuel Torre tenía una de raro, de tipo especial que dependía de su cambiante ánimo para cantar. Se cuenta que a veces su cante era un fiasco, pero que, de cuando en cuando, lo hacía de tal manera que una velada en el apartado de un café se podía convertir en una réplica de Jonestown, con gente arrancándose la camisa, otra arrojándose por la ventana y otros repitiendo oles con los ojos en blanco. Cuando uno lee ciertas crónicas no sabe si se habla de una fiesta en un cuarto de cabales o del suicidio en grupo de unos fanáticos. La historia del flamenco cuenta con figuras a las que se atribuyen estas cualidades desde su origen: son los cantaores con «sonidos negros», «enduendados», los que en el argot

---

1  Publicado en *El País* el 7 de noviembre de 2021. La entradilla rezaba así: «Anoche tuvo lugar una de las citas más peculiares de esta Suma Flamenca, una que aglutinó en escena a dos parejas de cantaores que, para muchos, encarnan aquello a lo que aspira esta música».

flamenco se conocen como los «acabafiestas» en tanto, si aparecen por alguna juerga (por supuesto, de repente y sin ser invitados) y tienen el día señalado, nadie quiere cantar después. Torre, antes Silverio, después Santiago Donday... Los aficionados no dejan de buscar esas figuras. Para muchos es la única razón por la que seguir escuchando cante. Ahora mismo hay varios cantaores que andan bajo esa lupa. Entre ellos se encuentran, precisamente, los Pañero (Perico y su hermano José) y José y Fernando Canela. Es tal la curiosidad que despiertan, que hay un grupo de aficionados que siguen a los cantaores haya donde canten, casi emulando a los *deadheads* de Grateful Dead. Anoche, varios de ellos se encontraban en el auditorio de un Centro Cultural Paco Rabal que, sin embargo, no había completado su aforo (no llegaba a 300 espectadores).

## DUENDES Y SONIDOS NEGROS

El de ayer no fue un lugar amable para el duende: los cuatro cantaores, alternándose por cantes y acompañados siempre por la guitarra de José de Pura, apenas si pudieron desarrollar una tensión. El recital comenzó con una ronda de tonás de los mayores de cada familia: José Canela (1977) y Perico el Pañero (1974). Ya no se volvió a escuchar a José hasta media hora después. Y a Perico, un poco menos. Tras la ronda, el pequeño de los Pañero, José (1971), hizo unos tangos entreverando cante con baile, siguiendo el modelo de un Paco Valdepeñas o un Funi. Le siguió Fernando Canela (1985) con unas soleares. De nuevo Perico el Pañero con sus esperadas seguiriyas, momento propenso para que reverberaran esos sonidos negros. José Canela le siguió con unas bulerías por solea y, para rematar, los cuatro por bulerías, pero no seguidas, sino parando para que el de Pura ajustase el tono de la guitarra a cada una de las voces. Recital de corte estilístico completamente mairenista (que es como una especie de clasicismo flamenco), que se quiso autero pero acabço siendo discontinuo, en el que las voces se enfriaban de una vez para otra y deslavazado. Para colomo, los cantaores no pararon de quejarse de un problema de monitores. Imposible hacer otra cosa que cumplir expediente. Y eso lo hicieron mucho mejor los Canela. José Canela es un cantaor del que resulta difícil concebir un mal día. Se tuvo que caer en la marmita del duende. Su dominio técnico es total, su voz está en plenitud y conoce los vericuetos expresivos de cada letra a la perfección. Es de las voces más dotadas y en forma de la actualidad. Su hermano, cantaor de perfil similar, tiene un cante más dulce, de menor ímpetu y, quizá mayor lirismo. También salvó los muebles.

Con los Pañero fue otra cosa. Sin fallar, tampoco fue su día, para desgracia de los *pañeroheads* allí presentes: tanto José como Perico, sobre todo el primero, dan siempre esa sensación de no estar nunca en el tono, pero tampoco nunca desafinados. Parece ser que es un rasgo definitorio de los cantaores con «sonidos negros» (a los que debe pertenecer, entonces, Ozzy Osbourne) que responde, supuestamente, a la riqueza de vibraciones melismáticas microtonales de sus voces, lo que hace que sus interpretaciones sean frágiles, estén siempre sobre la cuerda floja de la afinación y en cualquier momento se puedan desmoronar. Es parte de la tensión.

## LA IDEOLOGÍA DE LO ATÁVICO

Según parece, otra característica de estos sonidos es que retrotraen al oyente a un mundo atávico, o algo así. Pero aquí se para la historia. Lo que está en el trasfondo de esta historia del sonido negro y el duende no es otra cosa que la constatación de la raza española. Lo de los sonidos negros parece ser que se lo escuchó decir Lorca a Torre escuchando el «Nocturno» del *Generalife* de Falla: «todo lo que tiene sonidos negros tiene duende». No aclara si describiendo la obra de Falla o para situarse en las antípodas, porque a reglón seguido aclara

Lorca: «Así, pues, el duende es un poder y no un obrar, es un luchar y no un pensar. Yo he oído decir a un viejo maestro guitarrista: 'El duende no está en la garganta; el duende sube por dentro desde la planta de los pies'. Es decir, no es cuestión de facultad, sino de verdadero estilo vivo; es decir, de sangre; es decir, de viejísima cultura, de creación en acto.»

Lorca aquí no es original, sigue a Falla, que, básicamente, sigue a su vez a Felipe Pedrell, aunque perfilándolo. La obsesión de Pedrell fue encontrar una música netamente española. También la de Falla, y su pasajero interés por el flamenco vino determinado por ella. Falla se interesó por el flamenco como parte de una indagación que, aunque comenzó en Andalucía, siguió por Castilla (*El retablo de maese Pedro*) para acabar en Cataluña (su *Atlántida*, construida a partir de un poema en catalán del sacerdote Jacinto Verdaguer) buscando materiales con los que «establecer las que pudiéramos llamar fronteras de raza», según expresión de Falla en un texto de 1916. La raza la busca Falla, como Lorca, no en la inteligencia ni en el discurso consciente, sino en la «lucha» y la «sangre». Ahí anda el duende, ahí los sonidos negros, que pertenecen a «los hombres con mayor cultura en la sangre», como definía Lorca a Torre. Pero la clave está en los textos de Falla sobre Debussy, sobre sus obras basadas en el supuesto folclore español.

Falla sabe que en Debussy (por cierto, en sus últimos años boulangista) no se encuentra la autenticidad que se encuentra en un hombre del terruño —Debussy es extranjero y apenas conoció España, aclara Falla—, pero hay otra cosa en sus composiciones que es mucho más importante, y que Falla quiere para sí: verdad. El animal produce los sonidos negros, pero es el músico, consciente, el que los limpia, musica y nacionaliza.

La teoría que avala al flamenco vive dentro de esta órbita bienintencionada pero de presupuestos retrógrados, en un nacionalismo amparado en bases raciales donde los Pañero cantan bien sin saber porqué, donde Agamenon hace arte tocando al piano las melodías que barrunta su porquero.

# Ismael de la Rosa, El Bola, y el cante programático[1]

Ismael de la Rosa «El Bola», Ismael De la Rosa «Bolita», Ismael de la Rosa, Ismael «Bolita». Se podría pensar que estamos hablando de los nombres adoptados por un mismo cantaor a lo largo de su carrera. Sin embargo, no es así: aparecen en los textos de presentación de cuatro espectáculos de baile de la misma edición de la Suma Flamenca de Madrid, esta última. Corresponden a los espectáculos de Alfonso Losa, Farruquito, María Moreno y el Choro, que, efectivamente, parecen y son cuatro bailaores distintos.

Ismael de la Rosa (Sevilla, 1995) —se diga como se escriba— ha sido, de largo, el cantaor con mayor presencia en esta edición del festival, cantando hasta en cuatro ocasiones. De hecho, en general, es uno de los cantaores con mayor presencia escénica de la actualidad en el campo

----

1  Nunca publicado, fue escrito a principios de noviembre de 2021, al hilo de la edición de ese año de la Suma Flamenca, en la que, con cuatro apariciones, el cantaor Ismael el Bola fué, de largo, el músico con más presencia de la edición.

del baile. Por hablar sólo del último extraño año, además de los citados, el Bola ha acompañado a los bailaores Rocío Molina, Manuel Liñán, Rapico, Eduardo Guerrero o el Junco. Pero es sólo una muestra. A lo largo de su carrera, y por nombrar sólo el primer puñado que uno se encuentra, hay nombres como María Pagés, Pastora Galván, Marcos Flores, Olga Pericet, Antonio Canales, Juana Amaya o Mercedes Ruiz. Ya decimos, por citar algunos.

Hasta hace no tanto, se consideraba que cantar atrás era, por una parte, una escuela necesaria para todo cantaor, pero por otra, una forma que, si se alargaba demasiado, podía echarlo a perder. ¿Cómo era posible? Cantar para el baile era hasta hace nada cantar a compás, aprender a entrar y salir de los tercios en cualquier momento, acelerar y frenar, decir decenas de letras sin repetirlas; era, en definitiva, llegar a conocer los cantes clásicos como la palma de la mano y ponerlos al servicio del baile, sin destacar por encima de este, pero empujándolo. Chano Lobato es el paradigma de este tipo de cantaor: un cantaor «pasado de compás» y «largo» tanto en estilos como en coplas. Pero claro, a Chano se le pedía siempre reproducir el sota-caballo-rey. El cante para el baile no daba, por lo general, para más: era un cante servil. De ahí que el cantaor, una vez conocía los rudimentos, tenía que salir de ahí si no quería verse como una especie de Sísifo jondo.

Sin embargo, de un tiempo a esta parte, desde que se pide a los bailaores que muestren su baile dentro de una propuesta dramática elaborada, casi operística, la cosa ha cambiado. El cantaor ya no puede ser un cantaor de sota-caballo-rey, no le basta con conocer los cantes y no se le pide que los «reproduzca». El cante ha pasado, bajo el dominio de las nuevas formas dramáticas del baile, a convertirse en una herramienta programática, en el sentido que toma en ciertas obras renacentistas de William Byrd o Monterverdi, es decir, que el cante tiene que adaptarse a ciertas líneas narrativas como un actor adapta su voz o se dispone cierto decorado. De hecho, hoy por hoy, el trabajo más original sobre el cante se realiza en el campo del baile. A Ismael el Bola le hemos escuchado en esta Suma doblando voces, haciendo canon, fragmentando versos, forzando *glissandi*, retorciendo una cantiña hasta hacerla irreconocible, entreverando cantes, cupleteando lo más inverosímil o metiendo coplas de compás ternario en palos de compás binario.

## STEVE GADD E ISMAEL EL BOLA

Paul Simon decía que había dos tipos de músicos: los que, como su batería Steve Gadd, eran capaces de adaptarse a las necesidades de cada discurso musical, o los monolíticos, los que tienen un estilo único que llevan de acá para allá. Simon se consideraba de los segundos. El Bola, como Gadd, es de los primeros. Y, de hecho, un buen cantaor para el baile, ahora mismo, tiene que ser siempre de los primeros: tiene que ser creativo, adaptativo, proteico, pero a la par, no «salirse del carril» (al decir de Antonio el Arenero), es decir, no salirse del género. Porque esto del género, sobre todo en un momento en que el flamenco tiene que competir en un campo global, es cada vez una cuestión más importante. Algunos, como dice de cuando en cuando José Iges, dicen que para lo único que sirve es para saber en qué cola hay que ponerse a la hora de pedir la subvención. Y aunque quizá sea meramente así (y da la sensación de que esa es la razón fundamental por la que algún artista persiste en considerarse 'exflamenco'), parece que la cuestión es más compleja.

Incluso más allá de la competitividad dentro del campo mundial danzístico, el género es, y seguirá siendo, una herramienta muy útil, por mucho que las más de las veces se utilice de un modo conservador. Ofrece la codificación de un conjunto de características comunes que se pueden dar por supuestas en todo momento, sobre las que no hace falta parar mientes; lo que habilita al intérprete un espacio de trabajo específico sobre aspectos más concretos —aspectos que pueden ser fundamentales para su discurso general— habilitando a su vez otro espacio de análisis más pormenorizado de la estructura. El género permite no tener que explicar todo de cero a cada momento, facilita que no todas las reflexiones se queden en la generalidad. Pero claro, eso es un trabajo arduo, es más «arar» que el manido «dinamitar». Arar es ingrato y poco vistoso, pero dinamitar no es otra cosa que poner en práctica un fetichismo de la iconoclastia. Si se escucha el trabajo propio de Ismael de la Rosa (por ejemplo, su disco en directo con la guitarra de Yerai Cortés, *Flamenco Directo*, de 2018) se ve claramente este trabajo. Trabajo creativo —aunque no se lo pueda parecer tanto al que no conozca con cierto detalle esos códigos—, de largo aliento y calado, y que igual no ha brillado hasta el momento como debiera en su carrera en solitario, pero que aquellos que necesitan urgentemente de esa creatividad saben bien valorar: los bailaores.

## LAS NUEVAS COMPAÑÍAS DEL CANTE

### En torno a Frente Abierto[1]

Cuando los términos están errados los debates son erráticos. Poca cosa se puede llegar a entender cuando aparecen a modo de herramientas cognitivas palabras como ortodoxia, heterodoxia, pureza o fusión, más cargadas de moralidad que de sentido. Desde luego, para el disco de Frente Abierto no son en absoluto de utilidad.

El objetivo de Frente Abierto es acompañar al cante. No es un objetivo distinto al que tuvieran Perico el del Lunar, Diego del Gastor o Marote. No quieren violentarlo, retorcerlo ni hacerlo 'avanzar' (por usar esa manida metáfora de progresismo huero). Sencillamente quieren hacer lo que todo tocaor responsable para con su oficio: sacar del cante toda su potencia expresiva. Para ello, se necesita un ejercicio de interpretación. De hecho, si el tocaor es un intérprete no es por la guitarra sino más bien porque su oficio consiste en leer, entender y hacer entender —es decir, interpretar— esa lectu-

---

1  Este texto salió como nota al disco de la banda Frente Abierto, *Guerra a todo eso* (Universal, 2025).

ra a través de su instrumento. Que este sea la guitarra es algo contingente.

Así pues, Frente Abierto es un grupo ortodoxo ...y no lo es. Una vez se comienza a escuchar su música es fácil ver que decir que es ortodoxo resulta una *boutade*. Desde la misma composición organológica se ve que su intención no es hacer flamenco tradicional. Su sonido, evidentemente, pertenece a otros mundos: no hay rastros en la tradición flamenca de nada similar. Poco hay que discutir ahí.

Es, pues, heterodoxo. No, no lo es. El flamencólogo más rancio reconoce y es capaz de catalogar en este disco todos y cada uno de los tercios que los cantaores acometen dentro de una reconocible estructura de palos habituales (soleá, bambera, alegrías, serrana...). Nada hay nuevo en él para el pequeño mundo del cante. Tampoco lo pretende haber. De hecho, el punto exacto en el que se sitúa Frente Abierto es, precisamente, el de creer firmemente que el cante no está agotado, que tiene en sus pliegues todavía formas radicales, que es capaz de aguantar las tensiones extremas que pueden proponerles géneros como el doom metal, el free jazz o el ambient. No se trata de volver a cocer la vieja gallina a ver si saca un poco más de sustancia, no se trata de exprimir. Frente Abierto surge con la convicción de que en el cante hay un tipo de potencia contenida que desde los parámetros de interpretación habituales no está aprovechada.

Hay músicos que, por suerte, se encontraron con el flamenco cuando ya estaban formados. No es casualidad que un grupo de ellos, que poco a poco está haciéndose ver, se hayan formado en el metal, que no tenían a Chacón o Pavón como figuras paternales sino a Black Sabbath o Motörhead, ni como referentes a Camarón y Morente, sino a Slayer, Celtic Frost, The Obsessed o Melvins, incluso, como es el caso, un metal pasado por el vórtice radical de John Zorn (con proyectos como Cobra, Naked City o Painkiller), Swans o Last Exit; proyectos que llevan las premisas del género a sus últimas consecuencias. Cuando alguien ya formado en estos campos se encuentra con el flamenco, con la Piriñaca, con Agujetas, con Tío Mollino o Inés Bacán, lo último que piensa es que se trata de un sonido vetusto al que hay que darle una vuelta; se trata de voces familiares, ese timbre, ese grano, ya lo han escuchado, esa manera de interpretar no les chirría. Cuando a estos músicos se les habla del agotamiento del flamenco la reacción va de la duda a la estupefacción. Para ellos, el metal de la voz flamenca es familia lejana de su metal.

No se trata tampoco del compromiso con la dialéctica tradición/vanguardia que acuñara el que junto a Ernesto Giménez Caballero fuera principal teórico de la estética fascista española, Eugenio D'Ors, y que con tanta alegría se sigue esgrimiendo, porque ni la tradición ni la vanguardia flamencas, ni su dichosa síntesis, es algo que a Frente Abierto les apele creativamente. Es sobre la música misma, sobre el cante como materia, sobre el que se vuelcan. En este disco no hay trabajo alguno en la tradición. No es la tradición flamenca, su destino o derroteros, lo que se pone en juego aquí, sino que son algunos objetos flamencos —en su singularidad— los que son manipulados con la mínima intervención posible para insertarlos en un lugar en el que muestren la mejor versión de su radicalidad: esa resistencia y acidez que les es propia y los hace tan especiales. Esta intuición (una intuición de extranjero) es el eje y acierto interpretativo de Frente Abierto, un proyecto tan lejano del fetichismo y el esnobismo como del conservadurismo y el purismo.

## «Inmediato» o la historia del cante
### En torno a Sebastián Cruz y Raúl Cantizano[1]

La dialéctica vanguardia-tradición ha hecho más daño al flamenco que el aceite de fentanilo. Al menos por ahora. Básicamente, no sirve para entender los procesos creativos. Incluso desorienta. Sin embargo, está agarrada al tejido del flamenco moderno como una rémora desesperada. Sin ir más lejos, es incapaz de captar el sentido y función de este mismo disco de Sebastián Cruz y Raúl Cantizano, *Inmediato*. En él no hay lucha entre tradición y vanguardia, no existe un pulso por mantener las esencias llevándolas más allá (sea eso lo que sea). El disco es, sencillamente, la cristalización de la idea de flamenco de unos músicos que a lo largo de los años se han guiado sin miedo ni esnobismo por sus obsesiones musicales, llevándolas al lugar que estas necesitaran para crecer, fuera el que fuera. Es la idea que ambos, con dos trayectorias profesionales realmente anómalas, han llegado a hacerse del flamenco tras transitar e investi-

---

1 Este texto salió como nota al disco Raúl Cantizano y Sebastián Cruz, *Inmediato* (Lovemonk, 2026).

gar una basta diversidad de géneros y estilos. No es una vuelta atrás ni un paso adelante, sino la expresión de su imagen de la historia del flamenco hecha sin presiones, sin pretensiones, luchando nada más (nada menos...) que con las seguiriyas, las soleares, bulerías, verdiales o tarantos; es decir, con los palos que vertebran esa historia, que son el nódulo de trabajo del flamenco.

Sebastián Cruz lleva más 20 años de carrera en solitario. No es sólo un cantaor de esos formados naturalmente en la familia y las tablas. Sin renegar de lo anterior (se crió en un entorno flamenco y lleva subido a escenarios desde los 12 años), es un cantaor formado tanto por cuenta propia como en formación reglada (Fundación Cristina Heeren). Ha sido profesor de cante, cantaor atrás, adelante y a los lados cuando allí se le requiere. Ha realizado proyectos que van desde un disco de fandangos (2017), en el que interpreta las sutiles diferencias entre 12 diferentes estilos de fandangos de Huelva, hasta su colaboración regular con Frente Abierto, banda que pone las sonoridades del doom metal al servicio del cante, pasando por *Zarabanda*, su proyecto más cuidado y personal, en el que busca el punto de encuentro entre el barroco musical francés y el flamenco. Ha trabajado en tablaos, escenarios de festivales y peñas, teatros y auditorios, en proyectos de todo corte y pelaje, abarcando una variedad de formas y géneros impensable para la mayor parte de cantaores.

Raúl Cantizano es guitarrista y tocaor. Con una sólida formación en ambos campos (rock y flamenco), podría llevar una carrera musical tanto con la guitarra eléctrica como con la flamenca. Su técnica se lo permite, también su ingente cantidad de horas y amplitud de escuchas. Esa disciplina y apertura le ha llevado a trabajar con la improvisación libre más jazzística (con orquesta Entenguerengue), con la más emparentada con el sonido Canterbury y el *rock in opposition* (con Hidden Forces), o con la impro libre flamenca (en un seminal proyecto junto a Marco Serrato y Tomás de Perrate, Tiento madera). También con la electrónica y el videoarte (con Los Voluble), el pop (con Seward), la vanguardia clásica (con Llorenç Barber), el metal (forma parte de la banda Frente Abierto) y también, sin que figure en segundo plano, el flamenco de tablao y el flamenco de última generación (con Niño de Elche, Rocío Márquez, María Moreno, Andrés Marín y muchos otros). Su trabajo en solitario lo componen dos discos que pueden jugar en el entorno en el que aparecen nombres como Fred Frith, Henry Kaiser o Bill Frisell, discos que, aunque no tienen necesidad de apelar al flamenco para ser valorados, sin embargo, lo apelan.

No hay dialéctica: Cruz y Cantizano no tratan de superar nada, ni de 'preservarlo destruyéndolo para reificarlo en un nivel superior' (la dichosa *Aufhebung*, que tan funestamente se aplica al trabajo musical). No practican una política de tierra quemada. Ni Zarabanda, de Cruz, ni Zona acordonada, de Cantizano, les impide volver la vista hacia una bulería camaroniana o unas rumbas. Muy al contrario, estos trabajos más experimentales se ven auspiciados por esa labor preciosista del tablao de volver una y otra noche sobre la misma docena de palos flamencos tratando de encontrar el lugar adecuado para nuevos matices, nuevos detalles que muestren su vigencia y vitalidad. Por otra parte, estos trabajos trastocan la visión de los palos, les dan una nueva perspectiva.

En todo músico alejado de esa mezcla de miedo y esnobismo que encarna la dialéctica tradición-vanguardia, el trabajo es una toma de posición sobre la historia de su disciplina. Cruz y Cantizano sintetizan en este trabajo, sin subterfugios ni medias tintas, sin presión ni expectativa, su visión de la historia del flamenco. Muestran lo que es el flamenco cuando se ha roturado concienzudamente hasta convertirlo en un material con el que fabricar preguntas y esperar respuestas. En él se escuchan sus obsesiones, sus búsquedas. Es un manifiesto de sus posiciones.

# Contraobituario de Fosforito[1]

Los críticos de flamenco tienen bien merecido el os-
tracismo al que están actualmente condenados. Las ne-
crológicas a la muerte del cantaor Antonio Fernández
Díaz, Fosforito (3 de agosto de 1932-13 de noviembre
de 2025) son una buena muestra de ello. Tras leerlas,
uno tiene la sospecha de que a todas las firmas más re-
conocidas de los periódicos más relevantes parecían ha-
berles encargado un responso y no un artículo de prensa. Mismos tics, misma estructura en todos:

1. *Fue mi amigo;*
2. *Secreto que me confesó la última vez que estuve con él;*
3. *Fue muy importante;*
4. *Obtuvo todos los reconocimientos;*
5. *Repaso de los mismos;*
6. *Brindis por el amigo.*

....................
1   Publicado por *Revista penúltiMa* en diciembre de 2025 bajo el
    título «Contraobituario de Fosforito, o por una función crítica
    de la crítica».

En realidad, parecen copiados de una plantilla sacada de las páginas finales de un manual de oraciones fúnebres. Y no se trata de poner en duda el dolor o el duelo, sino de señalar que, acaso, el lugar para ese ejercicio no sea el adecuado. Bien es cierto que no es muy distinto lo que ocurre cuando ejecutan una crítica al uso a un disco o recital. Por lo general, y es rara la excepción, el gusto funciona en ellos como criterio. El punto final de una crítica (y esto no le pasa sólo al flamenco: el problema es general) se resume en algo tan banal como conocer si al crítico le ha gustado o no la pieza, si le da su beneplácito o no. Ese gusto está autorizado precisamente por el prestigio que les otorga el albergar un conocimiento reconocido por la comunidad intelectual pertinente. Pero esa misma investidura inicial les exime desde el mismo momento de mostrar ese conocimiento. En un sentido de la palabra que ya es casi un arcaísmo, el gusto tenía que ver con la capacidad de distinguir, de diferenciar. Así se ve, por ejemplo en el ensayo de Hume, «Sobre el gusto», en el que utiliza la escena de *El Quijote* en la que Sancho detecta sabor a cordobán en un vino para señalar su 'buen gusto'. Evidentemente, no se trata en este sentido de una tarea de distinguir lo bello de lo feo, o lo auténtico de lo falso, sino de apreciar las partes, de ser capaz de diferenciar los matices. No hay juicio de valor, sólo análisis. Un buen gusto es un sentido analítico desarrollado. Pero nada queda de eso en el trabajo del crítico. No, desde luego, en el mundo flamenco.

La valoración del crítico sirve al lector, dentro de la ideología vigente, como sustituto de la propia valoración. Pero, efectivamente, la propia idea hace aguas: ni esa comunidad que inviste de prestigio tiene prestigio, ni esos críticos son ya reconocidos por un supuesto público lector, que busca ya en otro lugar a los prescriptores, ni el mismo crítico aporta nada que no sea un socialmente devaluado criterio que no muestra su contrapartida de agudeza. Los críticos se muestran inútiles.

Es el pecado original del crítico: querer enjuiciar, querer erigirse como aduanero (por utilizar la metáfora acuñada por Miguel Copón siguiendo la anécdota del aduanero que registró el «Pájaro en el espacio» de Brancusi como artículo de cocina) ...haya interés o no en pasar esa aduana.

Sin embargo, una tarea le quedaría al crítico que no quiera velar por una ciudadela muerta: la de hacer crítica; es decir, retomar ese sentido olvidado de la palabra y esforzarse en mostrar los criterios de construcción de las cosas, sus funciones.

No se trata de si Fosforito fue importante por recibir premios o bien recibió premios por ser importante, o si fue amigo mío por ser importante o recibió premios por ser mi amigo. Se trataría de explicar quién fue Fosforito, qué función cumplió en la dinámica histórica del flamenco. Esa es la función restante del crítico si quiere seguir siendo útil, esa es su responsabilidad. Entender y explicar, no ver y juzgar.

Fosforito fue una figura clave de la historia del flamenco no por ganar premios, que los ganó, ni por vender discos ni hacer miles de recitales con éxito, que los vendió y los hizo. Es importante porque fue la primera figura relevante que, tras dar por bueno el canon flamenco mairenista, lo asumió sin ninguna de las condiciones previas que Antonio Mairena fijaba como condición del cantaor, y lo llevó a sus últimas consecuencias. Fue el primero en construir su imagen profesional contra la idea de «cantaor natural». A pesar de venir de familia cantora se reivindicaba como cantaor construido a partir del estudio de la historia fonográfica. Su fuente de conocimiento no era, según él decía, la familia ni la estirpe, su fuente eran los discos que conoció y estudió como nadie lo ha hecho hasta la fecha. En ese sentido, no podía ser menos mairenista, (una ideología que coloca la transmisión oral familiar y comunitaria en el centro de la creación). Y, sin embargo, el trabajo fonográfico de desglose de cantes realizado por Mairena y su entorno de influencia fue una de sus fuentes principales. Fosforito entendió e incorporó como profesional el complejo y novedoso esquema del cante que esa fonografía proponía (aunque incorporando también todos esos cantes que esta dejaba de lado por su impureza racial, cosa nada baladí). Y lo hizo hasta el punto de arrasar en el Concurso de Cante Jondo de Córdoba de 1956, trasunto del de 1922, fundado por Ricardo Molina (poco tiempo después mano derecha de Antonio Mairena en la esquematización de su 'sistema'), y fecha central para la consolidación del paradigma que podemos llamar mairenista, aunque no provenga sólo de la cabeza de Mairena.

Fosforito no fue importante por ser el primer cantaor enciclopédico (antes ya hubo muchos: Pepe de la Matrona o Pepe Marchena, por citar dos centrales), ni destacó, como también se ha leído en algún responso fuera de lugar, por su característica voz, ni por su peculiar forma de interpretar, ya que la peculiaridad por entonces todavía abundaba en el flamenco; lo fue por encarnar una nueva figura de profesional, completa, versátil, larga, no ceñida a un terruño o un estilo, basada en un alto dominio técnico y un conocimiento musical de la historia flamenca grabada inigualado hasta entonces.

Nada de esto cuentan los obituarios. Y no porque sea una información secreta y olvidada. No hace falta haber conocido a Fosforito durante 50 años, ni haberle oído confesar nada a altas horas de la madrugada o en la más absoluta intimidad. De hecho, cualquiera que vea el episodio que le dedicó la serie *Rito y geografía del cante* lo puede escuchar, incluso si tuviera que prestar la misma atención al episodio que a una niña de cuatro años que pregunta por los perritos que asoman o si le pasa algo a ese señor que suda tanto. No es secreto y las ideas se repiten en varias ocasiones a lo largo del mismo.

Fosforito fue la encarnación más completa del cantaor profesional según el último canon dominante del flamenco: un cantaor formado a través de la discografía, completo, conocedor de las divisiones geográficas del llamado cante gitano y de su multiplicidad de estilos, sin haber llegado jamás a tomar partido por una de ellas. Y no sólo eso, también transitó, como oyente y como cantaor, por el resto de cantes, y exploró sus variantes. Es la encarnación de un canon que sigue vigente y que parece que lo seguirá estando por muchos años.

# III. BAILAORES

# La carta al padre de Manuel Liñán[1]

La homologación del flamenco dentro del campo global de la danza pasa, ahora mismo y entre otras cosas, porque sus intérpretes ofrezcan una... ¿justificación? No exactamente. Al menos no se presenta como tal. Más bien se trata de un *surplus*, la exigencia de un 'algo más' que la muestra desnuda del baile. No vale con ejecutar un repertorio determinado con congruencia interna, al discurso danzístico flamenco se le exige un aglutinante poético o narrativo que convierta los espectáculos en obras. Exigencia acaso sensata, pero que las más de las veces tiene como resultado una justificación, es decir, en sentido estricto —casi etimológico—, una parafernalia externa a la dinámica del baile. Sirvan las citas de baile de esta edición de la Suma Flamenca de Madrid como ejemplo. En ella se han podido encontrar desde textos más o menos esotéricos que dan la sensación de

.................
1  Publicado en *El País* el 4 de noviembre de 2021. La entradilla rezaba así: «Estreno absoluto de *Pie de hierro*, último trabajo del bailaor Manuel Liñán, portentoso bailaor y epítome del llamado flamenco queer».

estar escritos *a posteriori* para encontrar unidad en un archipiélago de bailes —y que en el baile flamenco suele tener el soniquete del «sin perder la raíz pero desde hoy»— a verdaderas narraciones. Este es el caso de la obra que anoche estrenaba el bailaor Manuel Liñán dentro del citado festival. Aunque su título, *Pie de hierro*, es elusivo, el espectáculo fue un verdadero ejemplo de drama musicalizado.

Si bien sería un error juzgar la obra por su argumento, este se presentaba a los espectadores que llenaron por completo la Sala Roja de los Teatros del Canal de Madrid de un modo tan evidente y buscado que parece que se quería que tuviera un peso central en el desarrollo de la obra. De hecho, cada uno de los bailes eran escenas sucesivas del desarrollo de la historia. El argumento es bien conocido: un hijo se rebela contra el destino que su padre tiene para él; el padre, incapaz de asumirlo, se muestra inflexible en un primer momento para al final acabar aceptándolo. Podría parecer el argumento de una novela de las que llaman de desarrollo personal, subgénero de la autoayuda, pero, al parecer, se trata de la historia de vida del propio Liñán, cuyo padre quería que fuera torero pero tuvo que acabar aceptando que su hijo se convirtiera en el epítome mundial del llamado flamenco queer.

En el papel del padre estaba la figura del cantaor tradicional (que anoche corrió a cargo de David Carpio). El drama comenzaba con el padre subido a una gran atalaya con forma de burladero al que Liñán, ataviado con coderas y rodilleras y acompañado de los ritmos metálicos de la guitarra eléctrica de Víctor Guadiana y la batería de Jorge Santana (en un estilo que recordaba a bandas como Dream Theater pero que encuentra un paralelo ineludible en el trabajo de Lagartija Nick), golpeaba rabiosamente. Arriba, Carpio interpretaba impertérrito unas soleares que disonaban harmónicamente de la música de Guadiana y Santana. Junto a batería y guitarra eléctrica, en el escenario, la guitarra flamenca de Juan Campallo, el violín, también, de Víctor Guadiana y los jaleos y compás de Ana Romero y Tacha González, que, ataviadas de puta y manola, hacían las veces de piedades de Liñán.

El espectáculo tiene un par de claves que hacen palpables las fases de la relación padre-hijo. Primero, que las letras que cantaba Carpio, «el padre», extraidas del repertorio llamado tradicional, iban dando cuenta del arco de transformación anímico del padre: «Fatigas más grandes me has hecho pasar»... «Dime que remedio habrá»... «Mira si es mala mi suerte, que yo te quiero con delirio»... «Mira el cariño que te tengo desde niño»... (el flamenco tradicional hace aquí de superestructura que reprime al hijo, Liñán). Segundo, el juego con el sombrero cordobés, que el padre lleva siempre puesto como especie de signo de autoridad, que el hijo trata de arrebatarle todo el tiempo y con el que se juega en los momentos de transición narrativa. Liñán, sucesivamente, se quita coderas y rodilleras, las piedades le visten con falda con corpiño, pasan las seguiriyas, unas tonás, un sujetador, una malagueña, camiseta interior, un curioso interludio instrumental basado en un «diálogo» por granaínas entre guitarra eléctrica y flamenca, bulerías festeras por aires gaditanos y cuplés a modo de herramienta de disuasión tras la que el hijo logra quitarle el sombrero al padre. Número bufo al ritmo de españolada para tres sombreros y tres intérpretes con un Liñán que sólo viste bragas y zapatos de baile. Luego, una voz en off que narra una especie de terapia de constelaciones familiares mientras las piedades visten al bailaor como para un juego de *bondage* floral con falda. Solo de violín para baile, farruca y un *overdub* de violines en *loop*, con un baile con gestualidad taurina bajo el que el padre claudica. Llega el final feliz. Cae el telón de final dejando al hijo dentro y al padre, ya reconciliado, fuera. Una «carta al padre» que, frente a la de Kafka, acaba en una redención, eliminando todo horizonte de tragedia y acercándola al melodrama.

El baile de Liñán es muy enérgico, muy complejo y matizado, y, pese a estar al servicio de una historia no especialmente compleja ni original, brilla casi todo el tiempo por su impresionante técnica e innumerable variedad de imágenes. Es un bailaor dotadísimo, con un discurso corporal, este sí, muy complejo y largo, que ya ha aportado al baile flamenco multitud de recursos inéditos. Liñán puso anoche su baile al servicio de una fábula moral.

# Manolete, llenar las formas[1]

Manuel Santiago Maya, Manolete, perteneció a esa generación de bailaores flamencos que tuvo que llenar las formas. Cuando los de su generación comenzaron a bailar profesionalmente a mediados de los años cincuenta (efectivamente, de niños), el flamenco ya tenía su estructura moderna —«clásica», podríamos ya decir—: los palos, así como la mayor parte de la infinidad de estilos que existe en cada uno de ellos, estaban ya conformados. Sin embargo, esto era más cierto para el cante que para el baile o el toque. En el caso del baile, el bailaor flamenco era gregario de los bailes de la escuela bolera, del clásico o las danzas folclóricas, con los que compartía mercado y, cómo no, también formas y recursos. Las compañías importantes como las de Pilar López, Antonio o La Chunga, contaban con el flamenco como una parte más, si bien cada vez más importante, de sus espectáculos. De hecho, todos los bailarines de sus compañías tenían que contar con rudimentos

1  Publicado en *El País* el día 12 de septiembre de 2022 como obituario del bailaor, fallecido ese mismo día en su Granada natal.

en todos ellos. No era raro que Güito, Paco Romero o Gades tuvieran que salir a escena a bailar una jota antes o después de hacer su número flamenco.

Pero la generación de Manolete (Manuel Santiago Maya, Granada, 1945) afrontó, con respecto a todas las anteriores, un hecho diferencial: fue la primera en la que el bailaor pudo *especializarse*. «Cuando empecé a salir fuera, Manuela Vargas me llevó de especialista de flamenco», decía Manolete en una entrevista.

Esta especialización fue la tarea de su generación. Para Güito, Farruco, Maya, Chunga, Gades, Tati y el mismo Manolete, los rudimentos de flamenco que Pilar y Antonio les daban y que todos ellos aprendieron en la escuela madrileña del malogrado Antonio Marín, no eran suficientes. No lo eran porque el flamenco ya se había emancipado por completo como género. Se estaba, de hecho, emancipando en esos momentos. Como ocurría con el toque, los recursos específicos para cada palo no eran abundantes, incluso, en muchos casos, siquiera existían. Con eso tuvo que lidiar el tocaor Perico el del Lunar a la hora de grabar la Antología de Hispavox y con eso también tuvieron que lidiar todos estos bailaores. Tuvieron que crear recursos, pues, que les permitieran lidiar con bailes noche tras noche en un ambiente muy especializado. Crearon. Lo que llevaban puesto, lo que les habían enseñado, era insuficiente.

Manolete nació en una familia que se ganaba la vida en las zambras granadinas, es decir, en una familia de profesionales flamencos. Comenzó a bailar en espectáculos siendo tan sólo un niño (hacia los ocho, recordaba él). A los quince años, junto a su hermano, el tocaor Manuel Maya *Marote*, sale para Madrid en busca de un horizonte profesional más amplio. En Madrid coincide en la citada escuela de Antonio Marín con, literalmente, todas las figuras y las promesas de su tiempo, como muy bien ha investigado José Manuel Gamboa en su reciente monografía sobre El Güito (*El Güito ¡La cabeza del flamenco!*, El Flamenco Vive, 2022). Pocos años después de su llegada a Madrid, en 1960, se abre el tablao Torres Bermejas. En él comienza en seguida a trabajar. Es por esa época por la que comparte piso con Camarón, Turronero y Pansequito.

Por entonces, en Madrid estaban todos los que querían vivir del flamenco. Allí, un granadino como Manolete podía conocer el baile festero de Jerez, el bufo de Triana, escuchar estilos de soleá jieceños, tangos extremeños, rumbas catalanas, escuchar el toque de Morón... Entre Granada y Utrera había más distancia que entre Granada y Madrid. La competencia, por amistosa que fuera, era tan feroz como intenso era el aprendizaje. La formación de todos los flamencos de esa época se convirtió en enciclopédica. Todos comenzaron a conocer tantos o más estilos que los Marchena y Mairena de las generaciones anteriores conocieron tras muchos años viajando. Ese contacto y choque desarrolló el flamenco como nunca antes —ni después— se ha desarrollado. La disciplina diaria de noche tras noche en los tablaos, hizo que todos ellos tuvieran que desarrollar infinidad de recursos y estrategias. Sustanciaron los palos. Sobre todo, como decimos, en baile y toque.

Pero esa misma competencia (sana o no, eso es a este respecto un poco indiferente) obró otro hecho inédito: que todos ellos, además de conocerlo todo, tuvieran que diferenciarse entre sí.

Es así que el baile de Manolete es único. En una «cata» a ciegas de estilos sería imposible confundirlo con el de Gades o Farruco, con el de Güito o Maya. Sus desplazamientos eran casi de patinaje y sus pies, de una contundencia y complejidad muy avanzada a su tiempo. Aunque necesitaba, como el de Farruco, de espacio, la forma que tenía de habitarlo era radicalmente distinta, prácticamente antagónica. Sus peteneras y alegrías son una referencia magistral. Su apuntes por soleá, de una originalidad y eficacia sumas.

Luego vino su periplo internacional. Ha viajado por todo el mundo, ha estado en todos los teatros y salas importantes, ha trabajado en multitud de ocasiones para la Compañía de Ballet Nacional (llegando a montar varios espectáculos), ha recibido todos los premios que merece, se le ha reconocido incluso en la misma Granada.

Pero, además de ser uno de los grandes bailaores de su generación (lo que es lo mismo que decir que de todos los tiempos), ha sido uno de los grandes maestros. Pasó muchos años ejerciendo de maestro en la icónica Escuela de Amor de Dios, de Madrid, por la que han pasado la mayoría de los grandes bailaores de su generación y en la que todavía imparte clases una coetánea suya, la Tati, otro de los iconos vivos del baile flamenco. Desde hace trece años, 2009, lo hacía en una escuela bautizada con su nombre: la Escuela Internacional de Flamenco «Manolete», situada en La Chumbera, Granada. Parte de esta generación ha desarrollado una pasión por la docencia. Y es verdad que en muchos casos se puede tratar de una pasión generada a la fuerza por necesidades económicas, pero no parecía ser así en Manolete. Manolete era de los pocos, si no él único, de su generación que no aborrecía del flamenco moderno. Evidentemente, criticaba la homogeneización en el baile, señalando que «los niños» bailan ya todos de igual modo, con un estilo basado en la fuerza, violento, diferenciándose sólo por las coreografías, pero no les hacía de menos, no consideraba que la cosa estuviera degenerada ni perdida. Quizá por eso fue el generoso maestro que fue. Hasta el final daba clases de iniciación (cuando bien podría haberse quedado dando alguna esporádica *master class*, como otros) además de perfeccionamiento.

Fue un bailaor que al talento añadió una cantidad de trabajo casi impensable ahora mismo y que, consciente de ello, quiso facilitar el camino a los que venían detrás. Es una bailaor único dentro de una generación extraordinaria que plantó lo que ahora se está cosechando.

# EL GÜITO, MEMORIA DEL BAILE FLAMENCO

## En torno a un libro de José Manuel Gamboa [1]

En el mundo del flamenco, las biografías de artistas son un trasunto de la literatura costumbrista. Que las biografías sean centrales en la construcción de la historia de la disciplina no es algo exclusivo del flamenco, pero en cada ámbito musical significan cosas distintas. En la música clásica, esas biografías se significan como un culto al genio; en el rock, como culto al ídolo; en

........................

1  Publicado en *Revista penúltiMa* el 2 de julio 2023. La entradilla, escrita por Antonio Jiménez Morato, editor de la revista, rezaba así: «El año pasado la editorial El Flamenco Vive publicó el libro de José Manuel Gamboa, *El Güito ¡La cabeza del flamenco! Hechos y hechuras del maestro*. Si bien se trata de la biografía más o menos definitva de uno de los grandes de la historia del flamenco, el autor del artículo entiende que una historiografía que presente al mundo flamenco como algo autónomo, ajeno a toda influencia y embuido en una ortodoxia que dista mucho de lo que sucede en la realidad, sigue prolongando muchos de los problemas que arrastra el género y su estudio, lastrando el impacto que puede tener en el mundo cultural entendido de modo más amplio, y sobre todo lo desactiva como herramienta de generación de estética y pensamiento».

el flamenco, como culto a lo auténtico. Por supuesto, los tres conceptos tienen rasgos comunes, pero el ascendente y funciones que tienen en la construcción de la historia de cada disciplina son bien diferenciadas. En el caso del flamenco, esta poética de la autenticidad es precisamente la que lo constituye como género musical diferenciado hacia finales del siglo XIX. Y, claro está, la historia del género se construye a partir de los ejemplos que dan muestra de tal autenticidad. Eso fomenta una historiografía que prefiere la expresión de idiosincrasia al testimonio veraz, el relato mítico al hecho confrontado, la anécdota (ya jocosa ya truculenta) a la explicación de un hecho. Toda elaboración que se transluzca supone una merma de la potencia performativa de esa historia, de su eficacia.

El testimonio autobiográfico es, en este sentido, un género privilegiado. La tarea del historiador del flamenco bajo este paradigma es encontrar a un artista/informador sobre el que recaiga un capital simbólico inversamente proporcional a la capacidad para elaborar intelectualmente las vivencias, elaboración que se entiende como manipulación que resta autenticidad. Las recolecciones de testimonios orales que publicara Ortiz Nuevo en los setentas y ochentas de Pericón de Cádiz, Borrico de Jerez, Tía Anica la Piriñaca o Enrique el Cojo son los perfectos ejemplos.

Aunque con un pie en estas mimbres, las memorias de Eduardo Serrano, el Güito, publicadas como *¡La cabeza del flamenco! Hechos y hechuras del maestro Eduardo Serrano el Güito* (El Flamenco Vive, 2022), se distancian de otras flamencas precedentes por la voluntad firme de su editor, José Manuel Gamboa, de darle una consistencia documental al relato. La intención de Gamboa es mostrar la biografía del Güito como un hilo central de la historia del flamenco entendido como disciplina profesional y perfectamente homologable a cualesquiera otros géneros artísticos existentes.

Efectivamente, Eduardo Serrano el Guito (Madrid, 1942) es un personaje central del flamenco y su historia de vida, un jalón fundamental para recomponer la historia del género. Parte de la generación que definió los repertorios y formas que, a día de hoy, hay fijados en el baile, es, sin duda, el bailaor vivo más relevante de la actualidad.

Desde los 12 años comenzó a trabajar de asistente en las clases para el malogrado Antonio Marín, al que en el cenit de su carrera amputaron la pierna por una gangrena producto de un clavo que se le hundió al clavar la rodilla en el suelo durante un espectáculo. La escuela de Antonio Marín es uno de esos nódulos de comunicación artística que permiten entender muchas cosas, y uno de los grandes aciertos del presente libro es el espacio que dedica a hacer un mapa tanto del personaje como de la escuela. Por esa escuela pasó prácticamente toda esa generación a recibir clases. La nómina asusta. Además de Güito, Mario Maya, la Chunga, Farruco, Manolete, Paco Romero, la Singla, Antonio Gades, Sara Lezama… También pasaban otros flamencos ya consagrados, como Carmen Amaya, Rosario o Antonio (el Bailarín) para compartir un rato de baile; otros, además, para «ojear», como Pilar López.

Fue, de hecho, Pilar López la primera en dar una gran oportunidad a Güito, incorporándole a su compañía, girándolo por Europa y formándole como profesional de la danza, haciéndole bailar, además de flamenco, piezas del repertorio clásico, por ejemplo, de Debussy (Güito tenía, como señala Gamboa, rutinas de ballet clásico adquiridas en el Centro de Danza Clásica Karen Taft).

En 1959 recibe el diploma de Le Circle International de la Jeune Critique pour la Recherche Artistique et les Échanges Cultures al mejor bailarín de la temporada de 1959 de Théâtre des Nations. En 1961, Jean Cocteau, al verlo bailar en el Teatro Cervantes de Málaga, lo considera encarnación de su Orfeo. En el 64, Feria Mundial de Nueva York… Pasan los años, recorre el mundo, recibe todos los reconocimientos posibles, tanto fuera como dentro de España. Sigue impartiendo clases magistrales esporádicas en la escuela flamenca Amor de

Dios. Su soleá es ya una pieza de estudio, su consciente trabajo con la silueta, icónico e inimitable.

El libro de Gamboa es un alivio preñado de datos y documentos que cualquier curioso puede aprovechar y que todo estudioso ha de conocer.

Sin embargo, y aunque, al menos en parte importante, se haya emancipado de la historia costumbrista, la voluntad de Gamboa de entender el flamenco como un arte autónomo, un campo de alta autonomía relativa —por utilizar el término de Bourdieu— provoca inevitablemente que su relato no pueda incluir una explicación causal de los procesos artísticos: la política pulula alrededor del flamenco, penetra de cuando en cuando para volver a salir... Pareciera como si el flamenco fuera soberano y tuviera las riendas de su propia condición.

# IV. Tocaores

# SERRANITO, UN MAESTRO DE LA GUITARRA POR **25** PESETAS[1]

Impresiona la distancia que hay entre lo reciente que es el flamenco y lo antiguo que parece. Parece ya un género completamente fijado, acabado; se llega a hablar, incluso, de varias etapas históricas —primitiva, clásica, posmoderna, neoclásica, incluso hermética—, se anuncia su decadencia y hasta se hacen visitas guiadas a sus ruinas. Y, sin embargo, cuando se ve sobre el escenario a alguien como Serranito, se cae en la cuenta de que es un género muy reciente.

Considerando, sin ir más lejos, que Serranito conoció y recibió consejos directos del casi mítico Manolo de Huelva, tocaor oficial, por ejemplo, del Concurso de Cante Jondo de 1922 y heredero, a su vez, del

1   Publicado, con un título elegido por la editorial, en el diario *El País* el 20 de octubre de 2021. La entradilla rezaba lo siguiente: «La Suma Flamenca de Madrid se abrió este martes 19 de octubre con un recital de guitarra a cargo del maestro Víctor Monge «Serranito» en una de las últimas citas de lo que se anuncia como su gira de despedida: *Como un sueño.*»

maestro Patiño, primer guitarrista con renombre que se puede considerar netamente flamenco (si bien, en este caso, no alumno directo: Patiño murió cuando Manolo de Huelva sumaba 10 años), se puede inferir lo mucho que la generación de Serranito ha tenido que crear para que se haya creado esa apariencia de completitud. Porque de Serranito al inicio del flamenco se puede llegar a través de dos eslabones. ¡Sólo dos eslabones! Demasiado poco, teniendo en cuenta que son muy escasas las músicas actuales con un corpus tan minuciosamente establecido, inflexible y cargado de reglas (aunque, en la práctica, ya sólo se preocupen por ellas los que viven artísticamente de denunciar el dogmatismo que encierran).

La generación de Serranito, encarnada en las manos de unos pocos, muy pocos, tocaores, ha tenido, aunque no lo quieran llamar así, que inventar mucho, pero, como ocurre en general en todas las músicas en las que el peso de la herencia se sobredetermina y en las que, por tanto, se maneja una idea laxa de la autoría —como en las músicas vernáculas, entre las que se encuentra el flamenco—, la creación se camufla como matiz, como variación o versión. Ello, sin merma de que la adjudicación a personajes concretos de cada una de estas variaciones sea tan sistemática y exhaustiva en algunos periodos que tome tintes psicóticos.

Así que, como decíamos, analizando un poco lo escuchado, se toma conciencia de la envergadura de Serranito como creador flamenco, de lo mucho que ha enriquecido y abierto el toque de los aires de Levante (con el que abrió, a solo, el recital), o lo que ha aportado a la creación generacional de la rumba flamenca, diferente de la catalana en tanto no deja de tener muy presente el pulso de los tangos, y con la que continuó el concierto. También se pudo ver en la soleá que le siguió un juego bastante personal e insólito de remates de los tercios con un aire de bulerías. Antes de darse a un descanso —a él y a su agresiva y contundente mano derecha, que se niega a acusar recibo de los años de trabajo y hasta castigo a los que ha sido sometida y sigue generando, junto a su Ramírez clásica de concierto, ese sonido tan propio y alejado del de los otros guitarristas flamencos— interpretó una farruca con una discordatura en la sexta cuerda casi exclusivamente utilizada para la rondeña. Tras ese interludio de alivio, en el que tomó el protagonismo el baile por soleá y bulerías de Ángel Muñoz, arropado por los otros seis intérpretes que subieron a escena (Paco Vidal y Javier Conde, guitarras; Cary Rosa Varona, chelo; Eva Durán, cante; Víctor Monge, percusión y Noé Barros, que, junto al citado Ángel Muñoz, ponía el compás; todos ellos muy respetuosos y atentos a la interpretación de Serranito durante toda la actuación), a unos tangos de cuño muy generacional —ahora casi canónicos, pero inexistentes en la generación anterior a Serranito, Paco y Sanlúcar— le siguieron, para cerrar, dos piezas que han quedado como composiciones con nombre propio: «Dani» y «Agua, fuego, tierra, aire». Tras los largos aplausos, las bulerías del bis se remataron con unos apuntes de baile del propio Serranito.

En una entrevista que le realizó Israel Viana en 2019 para el diario *ABC*, Serranito cuenta que un conocido cantaor le dijo: «¡No estudies tanto, hombre, que la diferencia entre un guitarrista bueno y uno malo son 25 pesetas!». Pues bien, las incontables horas y horas que a lo largo de seis décadas de trabajo disciplinado han llevado a Serranito a lograr una singular densidad en su prosodia musical, a complejas e inéditas harmonizaciones de sus desarrollos melódicos, a incorporar una considerable cantidad de nuevos recursos técnicos —algunos importados desde la guitarra clásica— o a la radical ampliación del mástil en los más diversos toques, son herramientas que Serranito ha dejado generosamente a la libre disposición de quien quiera hacer uso de ellas. Y lo ha hecho sólo por 25 pesetas.

# TOMATITO: IR ATRÁS SIN VOLVER[1]

Los hay que regresan allí donde nunca estuvieron. Es habitual que, los que lo hacen, recuerden el lugar nunca visto y comprueben que todo sigue igual. Tomatito (Almería, 1958) lo hizo anoche, en el recital que abrió la Suma Flamenca de este año, en un Teatro del Canal con su aforo completo.

El espectáculo («estreno absoluto», rezaba el cartel) se llama «De la Plaza Vieja a Santa Ana», es decir, de Almería a Madrid, haciendo incidencia en la geografía en tanto la Suma tiene como motivo aglutinante de esta edición el «Madrid Flamenco»; la ciudad donde, al decir de Camarón en una entrevista de 1987, «el artista, igual que el torero, igual que el futbolista, se hace».

El recital apenas sí tuvo que ver con la topografía, la apelación a la lugares era un macguffin. De haberlo

.................
1  Publicado en *El País* el 19 de octubre de 2022. La entradilla rezaba así: «Con un espectáculo llamado *De la Plaza Vieja a Santa Ana*, a la postre un ensayo de retrospectiva de su vida musical, el guitarrista almeriense inauguró anoche la Suma Flamenca de Madrid».

estado tendría que haber consistido en una sucesión de evocaciones de Almería, Granada, Madrid, Nueva York, Japón, de nuevo Almería... y no lo fue. El forzoso guiño a Madrid, de hecho, lo resolvió con unos caracoles, estilo de cantiña cuya letra clásica es alusiva a esta ciudad.

Y poco más con relación ni al título del espectáculo ni al tema convocante (lo que, por otra parte, ni es problema alguno ni se lo supone a nadie). Acompañado de su hijo, José del Tomate, la percusión de Piraña y el compás y cante de Morenito de Íllora y Kiki Cortiñas (autor también de la mayor parte de las letras que jalonaban los toques del Tomate), la hora y media de recital quiso ser una sucesión de homenajes a sus maestros en la guitarra; así lo declaró él mismo. Pero tampoco lo fue.

El concierto comenzó con una versión extensa y muy libre de la rondeña de Ramón Montoya, con su reconocible discordatura en la sexta cuerda (que se afina un tono más bajo, pasando de mi a re). La rondeña dio lugar, sin solución de continuidad, a unas bulerías. Tras estas, y todavía sin usar la afinación ordinaria (lo que permitía escuchar en algunos momentos ciertos acordes con sonoridades poco habituales), llegaron unas cantiñas (en las que aprovechó para insertar los citados caracoles justificativos). Ya con una afinación normal, hizo, junto a su hijo, una versión del «Too much» que grabara con Michel Camilo en

*Spain*. Después, más bulerías y turno para un solo de su hijo José, que ejecutó la zambra de Niño Miguel, tío de Tomatito, «Embrujo y magia» (también con discordatura en la sexta cuerda...) precedida de unos compases de la «Nana del caballo grande» de Camarón. Vuelta la formación al completo, afrontaron una versión de «La leyenda del tiempo»; tras ella, una del adagio del borbónico Concierto de Aranjuez bajo una atmósfera muy similar a la versión grabada también junto a Camilo (para la que la familia de Joaquín Rodrigo sí dio su permiso, al contrario de lo que le ocurrió a Rycardo Moreno), versión rematada con una rumba en la que el Piraña tomó un peso central. Ramillete de tangos y más bulerías, en las que José del Tomate dejó de tocar para permitir que su padre acompañara con total libertad al cante. Tras los ininterrumpidos aplausos, los músicos se vieron impelidos a salir de nuevo e invitaron al Niño Josele, que andaba entre el público, a tocar otras bulerías como bis.

Lo que, sin mucho disimulo, se ocultaba bajo de este repertorio no era ni una topografía ni homenaje alguno, sino un «ensayo de retrospectiva» de la carrera musical de Tomatito. Tomatito pareció anoche querer volver a visitar esa trayectoria, y lo hizo evitando exhibir una empalagosa muestra de nostalgia: acompañamiento estricto al cante, como en su época de Camarón y la Peña el Taranto de Almería, constantes citas y guiños a Paco de Lucía, una colección de variaciones de sus concatenaciones melódicas y falsetas propias, sus bulerías de aire tan reconocible... Pero también las harmonías de aire pop insertas en los cantes, herederas de sus primeros discos en solitario desarrollados junto a los Carmona, *La leyenda del tiempo*, el *Concierto de Aranjuez*, acordes de paso de corte jazzístico, desarrollados en su trabajo con el pianista Michel Camilo...

En Tomatito está todo tan entreverado ya, los aires del flamenco, el pop y el jazz, que en todo momento parecían estar todos en juego haciendo imposible cualquier retrospectiva en sentido estricto. Incluso cuando se estaba «limitando» a acompañar al cante por tangos o bulerías, resultaba impensable que lo pudiera hacer como en su época, por ejemplo, de Camarón, evitando las cadencias pop, el compás siempre al borde de la rumba. Y es que esas aportaciones supuestamente externas al flamenco y que, con el tiempo, el Tomate ha ido aprendiendo en sus «excursiones» musicales no se han quedado fuera cuando este volvía.

Hablar —no sólo a estas alturas, sino siempre— de pureza, es una impostura moral, ya que no existe un grado cero. También lo es hablar de hibridación, que es un concepto que sólo multiplica geométricamente la impostura moral.

Tomatito lo sabe, pero, aun con ello, aun sabiendo que es una música cambiante («es una música que está siempre en movimiento; siempre se están creando cosas y sigue moviéndose», dice en una entrevista para Canal Sur), sigue siendo el lugar seguro al que volver. ¿Pero no es, acaso, ese perpetuo movimiento un signo de inestabilidad, de inseguridad? Tomatito no lo cree. Confía en que la criba la haga una especie de orden natural, el mismo orden natural que ha hecho que Chacón, Torre, la Niña de los Peines y Caracol sean las figuras incontestables: «Luego se queda lo que se queda y lo que no se queda no se queda; pienso que no hay que discutir tanto», sigue en la misma entrevista.

Pero el movimiento indica lucha, habla de peleas por lo que entra, por lo que sale, por lo que se queda y lo que se va. Ese filtro providencial automático no existe. Eso significa que el flamenco no es un lugar seguro, es más, es un lugar altamente conflictivo, de los que más en la actualidad: la tensión es un corolario a los intereses que pone en juego, al perpetuo movimiento.

A Tomatito esas peleas no le han perjudicado: *La leyenda del tiempo* está en el canon, el nuevo flamenco de Mario Pacheco también, las fusiones con el jazz latino también gozan de enorme prestigio. Pudo no ser así. Y entonces ensayos de retrospectiva como el de anoche estarían llenos de melancolía, no podrían aunar todo el pasado como presente. Serían retrospectivas reales que sí volverían a lugares donde se estuvo: lugares muertos. Y es que, a otros con talento similar y propuestas con enorme músculo, las mismas interesadas peleas les han dejado fuera.

Hay quienes regresan allí donde nunca estuvieron y comprueban que nada de todo lo que no fue ha cambiado. Lo escribía Giorgio Caproni:

> *He regresado allí*
> *donde nunca estuve.*
> *Nada de lo que no fue ha cambiado.*
> *Sobre la mesa (sobre el hule*
> *a cuadritos) en el medio reencontré el vaso*
> *nunca llenado. Todo*
> *permanece aún como nunca lo había dejado.*

# ESE DIFÍCIL MUNDO DE LA AUTONOMÍA FLAMENCA

## En la muerte de Perico el del Lunar hijo y Diego de Morón [1]

El flamenco es un género pobre, monótono, repetitivo y homogéneo donde los referentes hace tiempo ya que están completamente fijados, son invariables y están unívocamente reconocidos; es una música «estabilizada», en el sentido (peyorativo) que le da T.W. Adorno. Todos son notas al pie de Camarón, Paco de Lucía y Enrique Morente. Hasta el punto de que los límites del género son los límites de los imaginarios estéticos generados por estos. En el toque, la ubicua presencia de Paco de Lucía adquiere tintes dramáticos, pero no precisamente en el sentido de generar una paralizante «ansiedad de la influencia» sino, muy al contrario, en el de ofrecer un

---

1 Publicado en *El País* el 3 de septiembre de 2025. La entradilla rezaba así: «Fallecen, con cuatro días de diferencia, los tocaores flamencos Diego de Morón y Perico el del Lunar hijo, dos de los pocos referentes fundamentales de un flamenco alejados del imaginario estético de Paco de Lucía».

itinerario señalado y homologado, con competencias determinadas y criterios consensuados que, pese a exigir un altísimo nivel técnico, asegura, como las titulaciones profesionales, una aceptación inicial en el sector dominante del mercado. Se trata de un territorio atestado, de competencia feroz y movimientos y tomas de posición que raramente ya sorprenden en un verdadero sentido. La pretendida «huella personal» se torna en él una cuestión de matiz de estilo.

Pese a que el anterior párrafo tenga un punto de *boutade*, de trazo gordo (es decir, sociológico...), hablando sin ánimo de epatar, ciertamente el campo flamenco es prácticamente incapaz de asumir hitos que no tengan la triada Camarón/Paco/Morente como centro. Es por ello que, aunque ya no estuvieran en activo, la muerte acaecida en pocos días de los tocaores Perico el del Lunar hijo (Madrid, 13 de marzo de 1940-27 de agosto de 2025) y Diego de Morón (Morón de la Frontera, 18 de abril de 1947-31 de agosto de 2025) tiene una enorme carga simbólica.

Diego de Morón y Perico el del Lunar hijo habitaban regiones muy alejadas de Paco de Lucía. Aunque compartieran una mutua admiración y referentes históricos y maestros similares, su centro era otro y sus lecturas de esa historia muy distintas, incluso enfrentadas.

Paco de Lucía generó un paradigma original con una eficacia adaptativa inigualada hasta la época. Su toque arrasó en la práctica con todo el resto de escuelas, que sólo persistieron, bien hasta su pronta inanición bien mediante el rancio vínculo de las estirpes familiares. (E incluso en muchos casos dentro de esta estructura de estirpes, los eslabones posteriores y hasta coetáneos a la irrupción de Paco de Lucía modificaron e incluso casi eliminaron los elementos «propios» de la escuela familiar, dejando guiños vestigiales en forma de parafraseo.)

Diego de Morón y Perico el del Lunar hijo son ejemplos de esta estructura incólume de estirpes. No pretendieron jamás ser originales (término que pide comillas a gritos) sino que decidieron seguir urbanizando un campo que demarcaron, respectivamente, su tío y su padre. Diego del Gastor y Perico el del Lunar padre crearon dos escuelas, ambas de estética muy definida, originales y radicales. Al morir, la herencia cayó sobre sobrino e hijo, y estos tomaron la herencia como un encargo. No son epígonos, son continuadores, y ambos llevaron al extremo esas escuelas, hasta un punto que, seguramente, sus predecesores no hubieran podido llegar.

No se trata ahora de trazar la valencia ideológica de la política de la estirpe —eso es otro tema— sino de señalar los anómalos y poderosos hallazgos musicales, artísticos, que esa política ha dado a luz. La revolución simbólica (en un sentido literal de dislocación de los símbolos) que supusieron ambos toques aporta al flamenco una riqueza sin la cual, y por residual que sea, este estaría completamente muerto, estabilizado. Pocos son ya los que viven al margen de la influencia comercial de la Triada, y de los pocos que lo hacen, menos son todavía los que pueden tener espacio suficiente como para desarrollarse con el tiempo disponible de un profesional (los ejemplos son contados).

*

El toque de Diego de Morón sigue el de su tío Diego el del Gastor, un verdadero inclasificable de la historia del toque flamenco. Ninguno de los dos fue muy prolijo grabando. Cuando El del Gastor lo hizo fue registrado en directo. Se conservan sus toques, pero en grabaciones muy mejorables, muchas veces de fiestas privadas, otras veces tomadas en festivales y en algún caso puntual, en un entorno más cuidado. Diego de Morón sí ha tenido mejor suerte. Guitarrista de culto al que venían a buscar de todas partes para escuchar (y que ha permitido la circulación —o al menos registro...— de cientos de intervenciones suyas), en 1975 graba acompañando a su padre, el infravalorado Joselero de Morón, dos larga duración titulados *A Diego*, verdaderos hitos del flamenco. Posteriormente, en 1977, graba para Movieplay, bajo la producción de Garcia-Pelayo y con la colaboración, entre otros, de Jesús de la Rosa y el Tele, del grupo Triana, un rompedor disco de estudio titulado sencillamente *Diego de Morón*. Supuestamente, su peculiar carácter le dejó fuera de los estudios desde entonces, siendo incluso infrecuentes por épocas sus actuaciones en directo. Es ya a finales de los años noventa que aparecen otros dos espléndidos discos suyos, *Diego. Vivo en Japón* y, en la serie 'Cultura Jonda', *A Diego el del Gastor, en Morón*, también grabaciones ineludibles.

\*

Perico el del Lunar padre se tuvo que inventar los toques. Cuando en 1954 dirigió y grabó las guitarras de la pionera *Antología del cante flamenco* de Hispavox, él mismo relataba que se vio obligado a diferenciar toques donde antes no se diferenciaban para poder así remarcar la diferencia entre los cantes de la misma rama (diferenciar de la soleá variaciones como la caña y el polo o, de la seguiriya, la liviana y la serrana). Su toque estaba puesto al servicio del cante de un modo mucho más refinado y consciente de lo que en ningún otro tocaor anterior. No había vocación de guitarra de concierto ni de lucimiento. Y es bajo esta lítote que la guitarra toma su radical carácter. Esa lítote fue llevada al extremo por su hijo con una precisión de relojero, tanto en las falsetas como, ante todo, en la comprensión del cante. Conteniéndolo sacó la parte más extrema de José Menese (ver las seguiriyas y cabales registradas para el *Archivo del Cante Flamenco* de Caballero Bonald), de Rafael Romero, Juan Varea, Chocolate y de todo aquel al que acompañó, que fueron prácticamente todas las figuras del cante de su tiempo (incluidos discos de cantaores asociados con la extrema izquierda como Paco Moyano o Luis Marín). Dirigió en 2001 una injustamente ignorada *Antología flamenca* (Original Future Sounds), con un criterio estético similar a la de su padre de 1954 (amplia pero no enciclopédica, crítica y no genérica) pero con un toque lleno de inédita riqueza que aporta a la guitarra flamenca una enorme cantidad de recursos e ideas.

Ninguno de los discos antes citados se encuentra disponible en el mercado.

Si lo dramático de Paco de Lucía es que su propuesta sobrepobló una región, lo dramático de los toques de Diego y Perico es que su muerte deja territorios en ruinas. Quizá en el caso de Diego de Morón la tragedia se taime en tanto sí que existen algunos tocaores que mantienen ese estilo que —en una peculiar sinécdoque que hace de un toque personal una marca regional— se llama 'toque de Morón' (aunque no lo hagan con la libertad que da saberse continuador y no epígono), pero en el caso de los del Lunar, la tragedia está consumada.

Madrid, lunes 13 de noviembre de 2025, 9:28 horas. Extraño festivo sólo para profesores en Madrid. Elia sigue inesperadamente dormida. Pensará que tiene cole…